쉽게 배우는
트임 봉제의 기초

미즈노 요시코 지음 | 김수연 옮김

기성복처럼 제대로 된 '트임'을
내가 직접 만들 수 있다면 얼마나 좋을까요?
이 책에서는 다양한 스타일의 옷을 통해
'트임' 만드는 방법을 상세하게 설명하고 있습니다.
풍부한 과정 사진과 실물 크기 패턴도 함께 실려 있어요.
'트임 봉제'를 익히면서 옷에 트임을 만들어 가다보면
옷 만들기에 점점 자신감이 붙게 될 거예요.
디자인으로서도 톡톡한 역할을 하는 트임을 만들어
세련된 스타일을 연출해보세요.

contents

시작하며   02

how to make

no.1	셔츠 단춧집 덧단 트임 , 덧단 트임	04	28
no.2	남성용 셔츠 단춧집 덧단 , 덧단 트임 : 뾰족단	05	32
no.3	돌먼 슬리브 블라우스 앞단 두 번 접기 트임 , 봉제선을 이용한 트임	06	34
no.4	돌먼 슬리브 블라우스 앞단 두 번 접기 트임 , 봉제선을 이용한 트임	07	37
no.5	스웨트 파카 오픈 지퍼 트임 : 지퍼 이빨 가리기	08	38
no.6	나일론 파카 오픈 지퍼 트임 : 지퍼 이빨 보이기	09	42
no.7	컨버터블칼라 코트 플라이 프런트 트임 : 단추	10	46
no.8	하이칼라 코트 플라이 프런트 트임 : 오픈 지퍼	12	50
no.9	A라인 원피스 여밈 지더 트임	14	54
no.10	A라인 원피스 여밈 지더 트임	15	54
no.11	A라인 원피스 콘솔 지더 트임	16	58
no.12	A라인 원피스 콘솔 지더 트임	17	58
no.13	스퀘어 판초 슬래시 트임 : 겉 안단	18	62
no.14	스퀘어 판초 슬래시 트임 : 안단	19	64
no.15	후드 판초 덧단 트임	20	66
no.16	턱 스커트 콘솔 지퍼 트임	23	68
no.17	턱 스커트 콘솔 지퍼 트임	22	69
no.18	스트레이트 팬츠 플라이 프런트 트임 : 지퍼	24	74
no.19	남성용 스트레이트 팬츠 플라이 프런트 트임 : 지퍼	25	75
no.20	크롭트 팬츠 플라이 프런트 트임 : 지퍼 , 슬릿	26	78

how to make   27

스프링 훅 다는 방법   72
걸고리 단추(훅 앤드 아이)·스냅 단추 다는 방법   73
실 루프 단춧구멍 만드는 방법   80
실물 크기 패턴 사이즈표   81

no.1

셔츠

단춧집 덧단* 트임이 있는 밴드 달린 셔츠 칼라에,
소맷부리에는 덧단 트임의 커프스를 달았어요.
중성적이고 깔끔한 디자인의 셔츠랍니다.

만드는 방법 28page

* 단추가 보이지 않도록 두 겹으로 가린 옷의 부분

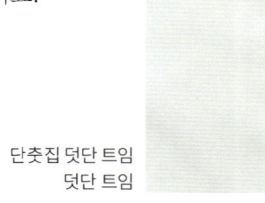

단춧집 덧단 트임

덧단 트임

no. 2

남성용 셔츠

만드는 방법은 no.1의 여성용 셔츠와 동일하나,
소맷부리 트임의 덧단 형태와 앞트임 방향을
바꿔서 변화를 주었습니다.

만드는 방법 32page

단춧집 덧단
덧단 트임 : 뾰족단

no. 3

돌먼 슬리브 블라우스

낙낙하게 만든 돌먼 슬리브로 어깨 라인을 부드럽게 처리한 8부 소매 블라우스입니다. 앞트임과 소맷부리 트임은 두 번 접어박기로 깔끔하게 처리했어요.

만드는 방법 34page

앞단 두 번 접기 트임
봉제선을 이용한 트임

돌먼 슬리브 블라우스

no.3의 칼라를 스탠드칼라로 바꾸기만 한 블라우스로, no.3와 같은 패턴과 같은 방법으로 만들었습니다.
no.3와는 다른 소재감을 즐길 수 있는 블라우스입니다.

만드는 방법 37page

no. 4

no. 5

스웨트 파카

앞쪽을 오픈 지퍼 트임으로 만든 기모 안감 소재의 파카입니다. 지퍼는 안단 대신 접착테이프를 사용해서 달아주었습니다.

만드는 방법 38page

오픈 지퍼 트임 : 지퍼 이빨 가리기

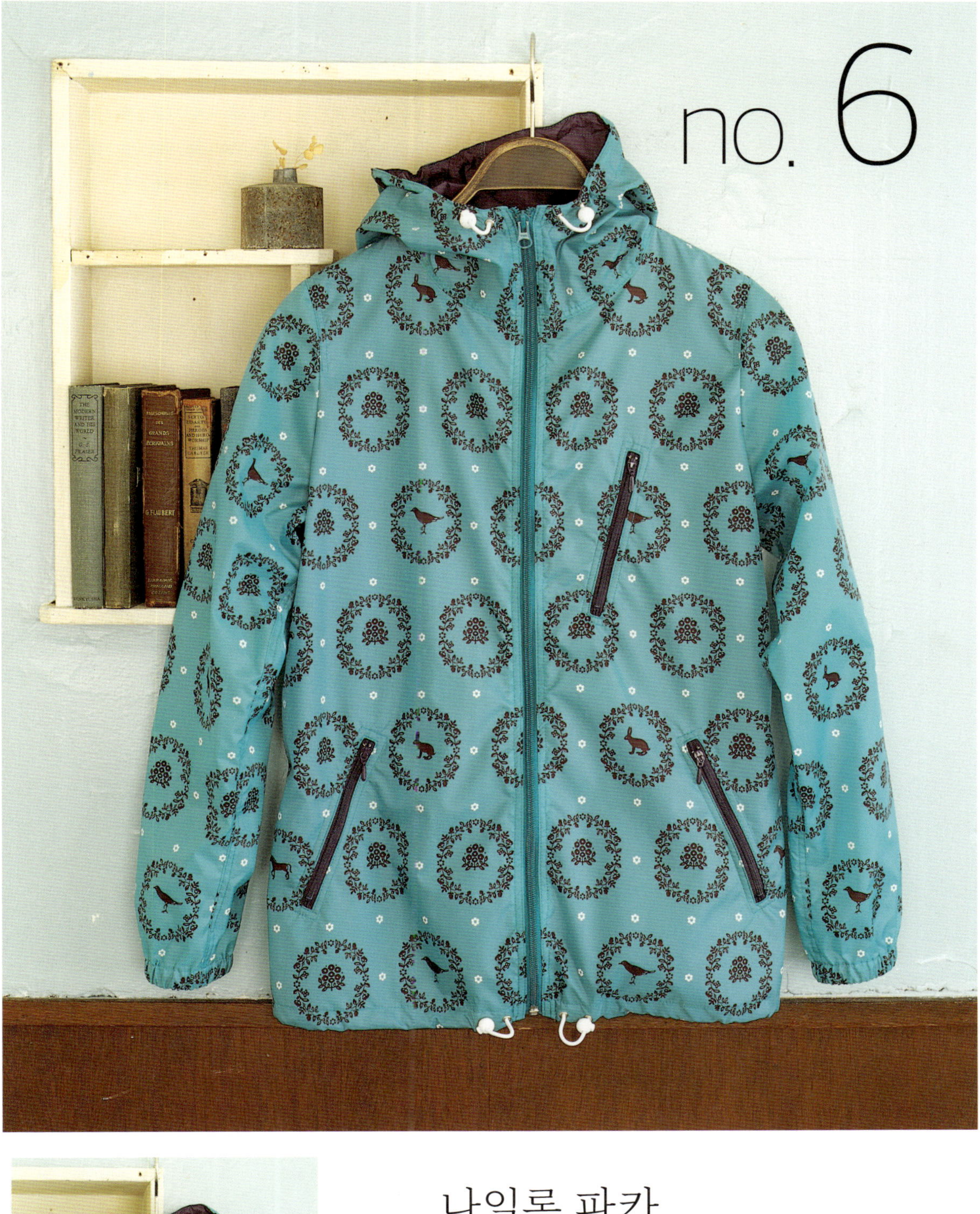

no. 6

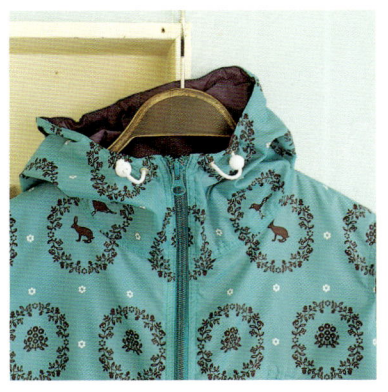

나일론 파카

no.5의 패턴을 응용해서 만든 파카로, 발수가공 소재 원단을 사용해서 스포티함을 더욱 살렸습니다. 지퍼가 보이는 디자인으로 만들면서 각 주머니에도 지퍼를 달아주었어요.

만드는 방법 42page

오픈 지퍼 트임 : 지퍼 이빨 보이기

no. 7

플라이 프런트 트임 : 단추

컨버터블칼라 코트

앞쪽을 플라이 프런트 트임으로 만든 반코트입니다.
실루엣은 심플하지만 스티치를 살려서 캐주얼한 느낌을 연출했어요.
안감 없이 원단 한 장으로만 만들기 때문에 생각보다 수월하게 완성할 수 있습니다.

만드는 방법 46page

no. 8

플라이 프런트 트임 : 오픈 지퍼

하이칼라 코트

no.7의 패턴을 응용해서 만든 코트입니다. 플라이 프런트의 안쪽에는 지퍼를 달고,
스탠드칼라와 박스 포켓을 달아서 샤프한 느낌을 연출했어요.

만드는 방법 50page

no. 9

A라인 원피스

뒤 중심에 트임을 만든 민깃,
민소매의 원피스입니다.
no.10의 원피스는 no.9의 몸판
패턴을 그대로 사용하고 목둘레
디자인만 다르게 했습니다.

만드는 방법 54page

no. 10

여밈 지퍼 트임

A라인 원피스

no.9·10의 원피스를 무릎아래 길이로
바꾸고 세련미 있는 원단을 사용해
고급스럽고 포멀한 느낌을 살려 주었어요.
목둘레 스타일에 따라 원피스의 느낌이
달라집니다.

만드는 방법 58page

no. 11

콘솔 지퍼 트임

no. 12

no.13

스퀘어 판초

트위드 원단을 원단 폭 치수 그대로 사용해서 만든 판초입니다.
정사각형으로 재단하고 바이어스 방향에 슬래시 트임을 만들었어요.
안단은 겉으로 뒤집어서 디자인으로 활용했고, 단추는 실 루프로 채울
수 있게 했습니다.

만드는 방법 62page

슬래시 트임 : 겉 안단

no. 14

스퀘어 판초

no.13과 동일하게 패턴 없이 원단 폭 대로 재단한 트위드 원단에, 겉감과 같은 원단으로 안단을 만든 슬래시 트임 판초입니다. 포인트로 토글 단추를 달았어요.

만드는 방법 64page

슬래시 트임 : 안단

덧단 트임

후드 판초

쨍쨍 내리쬐는 햇볕을 가리기 위해 큼지막한 후드를 단 여름용 판초입니다.
덧단 트임은 겉감과 다른 천으로 포인트를 주어서 더욱 세련돼 보입니다.
가장자리 장식용 바이어스테이프로 만든 끈을 묶으면 소맷부리가 생겨서
착용하기가 수월해요.

만드는 방법 66page

턱 스커트

허리 부분에 턱을 접고
왼쪽 옆선에는 트임을 만든
스커트입니다.
트임 윗단의 허리 부분은 벨트를
달거나 가장자리 장식을 해서
처리합니다.

만드는 방법 68, 69page

no. 16

콘솔 지퍼 트임

no. 17

no.18

스트레이트 팬츠

적당히 여유 있게 만든 이 스트레이트 팬츠는 플라이 프런트로 앞 지퍼 트임을 만들었습니다. 허리도 약간 여유가 있는 로 웨이스트예요. 사이드 포켓과 뒤판에 패치 포켓을 달아 실용성도 살렸습니다.

만드는 방법 74page

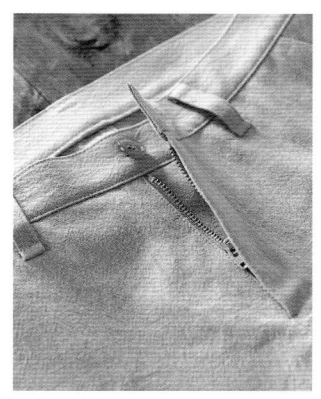

플라이 프런트 트임 : 지퍼

남성용 스트레이트 팬츠

no.18의 여성용 팬츠와 같은 방법으로 만든, 동일한 소재에 색상만 다른 남성용 팬츠입니다. 재단할 패턴의 크기만 다르고 만드는 방법은 완전히 똑같아요.

만드는 방법 75page

no.19

no. 20

크롭트 팬츠

no.18의 팬츠를 길이만 짧게 바꾸고 밑단에는 슬릿을 넣어 만든 팬츠입니다. 광택이 있는 새틴 원단은 디자인 요소 중 하나예요. 원단만 바꿔도 색다른 느낌을 즐길 수 있습니다.

만드는 방법 78page

플라이 프런트 트임 : 지퍼 슬릿

how to make

트임 봉제 방법

단춧집 덧단 트임	30
덧단 트임	31
덧단 트임 : 뾰족단	33
앞단 두 번 접기 트임	35
봉제선을 이용한 트임	36
오픈 지퍼 트임 : 지퍼 이빨 가리기	40
오픈 지퍼 트임 : 지퍼 이빨 보이기	44
플라이 프런트 트임 : 단추	48
플라이 프런트 트임 : 오픈 지퍼	52
여밈 지퍼 트임	56
콘솔 지퍼 트임	60
슬래시 트임 : 겉 안단	63
슬래시 트임 : 안단	65
덧단 트임	67
콘솔 지퍼 트임	70
플라이 프런트 트임 : 지퍼	76

no. 1 셔츠 → page04

● **필요한 패턴 [A면]**
앞판, 뒤판, 요크, 소매, 윗깃, 밴드, 덧단, 밑 덧단, 단춧집 덧단감, 커프스

● **재료**
겉감 폭 110cm×2m
접착심 폭 90cm×70cm
단추 지름 1cm 9개

● **재단**
요크·소매·윗깃·밴드·덧단·밑 덧단 각 2장,
오른쪽 앞판·왼쪽 앞판·단춧집 덧단감·뒤판 각 1장, 커프스 4장.
재단 배치도를 참조해서 접착심을 붙인다.

● **만드는 방법**
1 앞판, 앞단의 트임을 박는다.
　→ P.30 〈단춧집 덧단 트임〉
2 뒤판과 요크를 합봉한다. 밑단은 두 번 접어 스티치한다. ※ 그림 참조
3 앞판 어깨와 요크를 합봉한다. ※ 그림 참조
4 소맷부리의 트임을 박는다.
　→ P.31 〈덧단 트임〉
5 몸판 진동 둘레에 소매를 겉끼리 맞대어 박고 시접을 처리한다. 소매산 시접을 몸판 쪽으로 넘기고 요크에 스티치(0.5cm)한다.
6 앞·뒤판과 소매를 겉끼리 맞대고, 소매 밑단에서 몸판 밑단까지 옆선을 이어서 박는다. 시접을 처리하고 뒤판 쪽으로 넘겨 스티치한다. ※ 그림 참조
7 칼라를 만들고 몸판 목둘레에 단다. ※ 그림 참조
8 커프스를 만들고 소맷부리에 단다. ※ 그림 참조
9 앞트임 부분과 커프스에 단춧구멍을 만들고 단추를 단다.

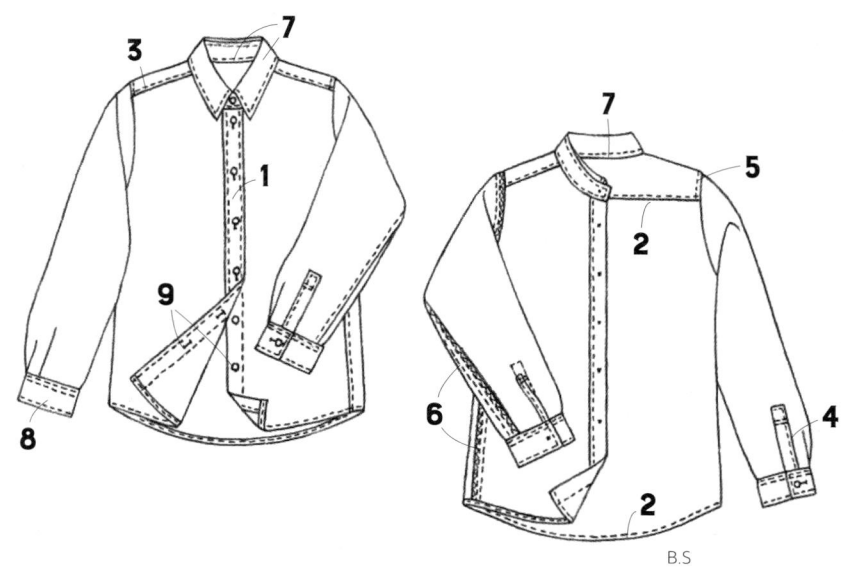

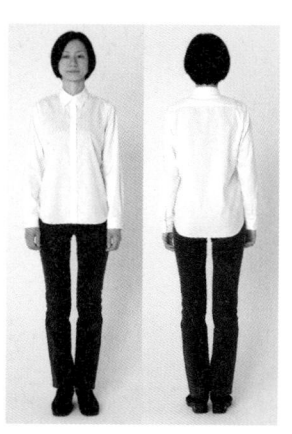

재단 배치도

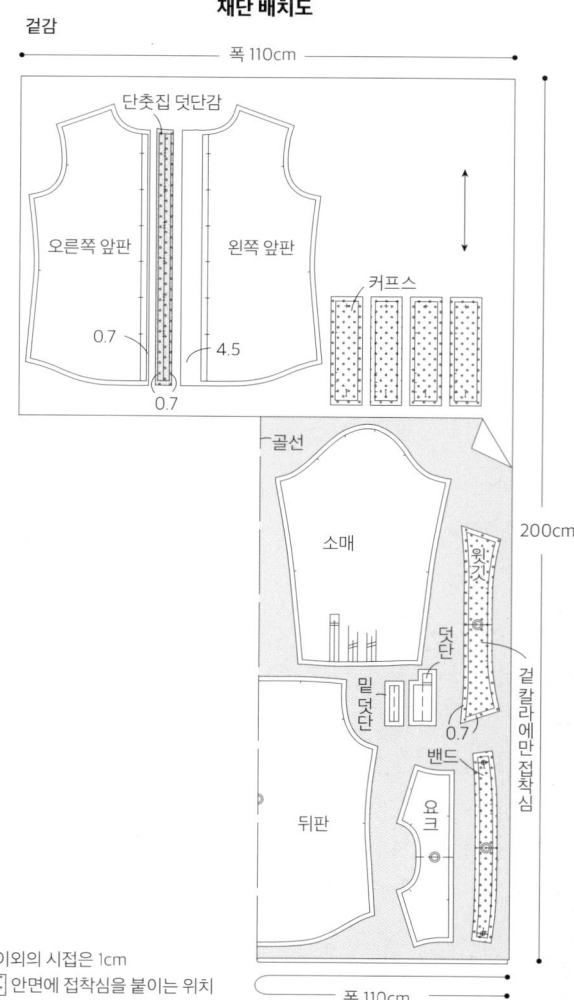

• 지정 이외의 시접은 1cm
　안면에 접착심을 붙이는 위치

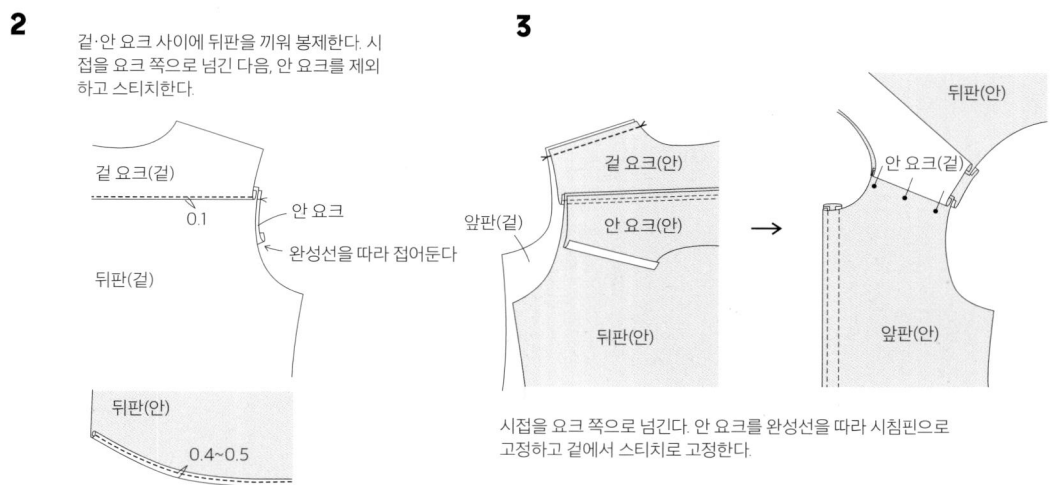

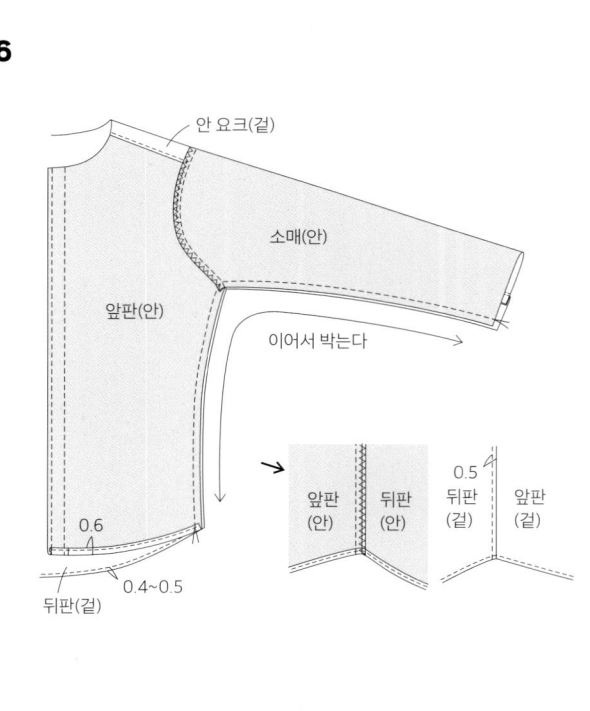

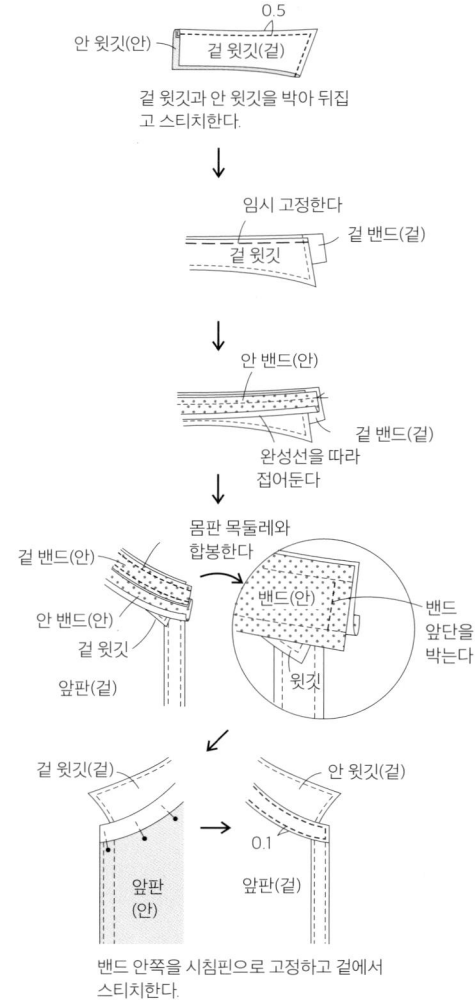

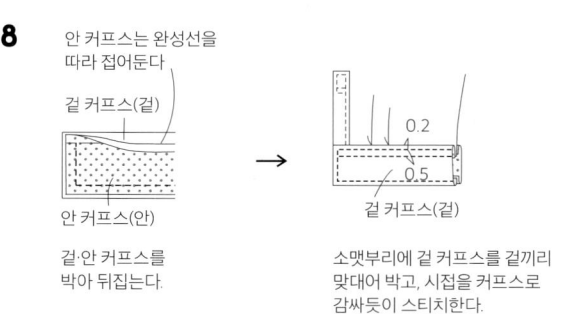

단춧집 덧단 트임

위쪽 앞판 가장자리에 단춧집 덧단감을 달아서 만든 트임. 오른쪽 앞판이 위쪽으로 겹치는 여밈인 '우측 상단 앞판'의 경우를 예로 들어 설명한다. '좌측 상단 앞판'으로 할 경우에는 좌우를 반대로 바꿔 놓고 같은 방법으로 박는다(no.2 남성용 셔츠).

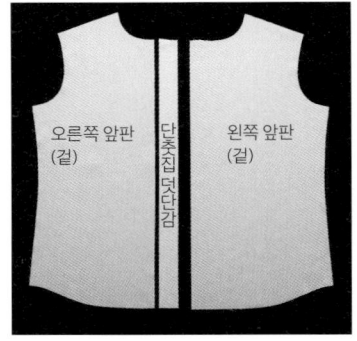

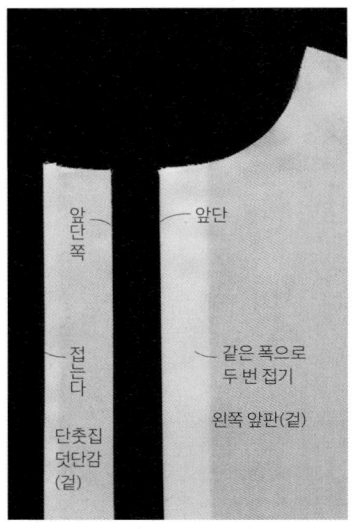

1 단춧집 덧단감의 한쪽 가장자리와 왼쪽 앞판의 앞단을, 완성선을 따라 다리미로 접는다.

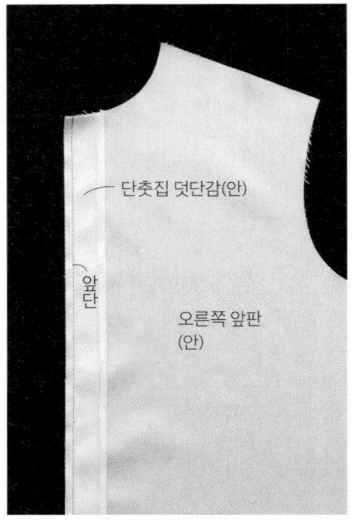

2 오른쪽 앞판의 안면에 단춧집 덧단감의 겉면을 맞대어 놓고 앞단을 박는다.

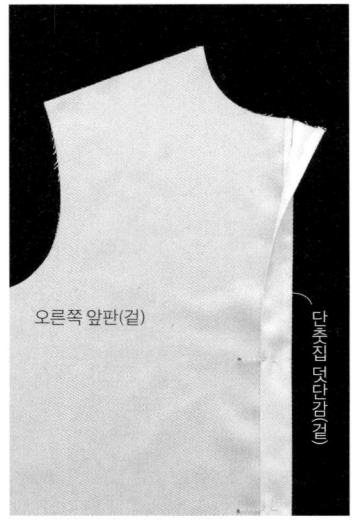

3 단춧집 덧단감을 겉으로 뒤집은 다음, 다림질해 정돈한다.

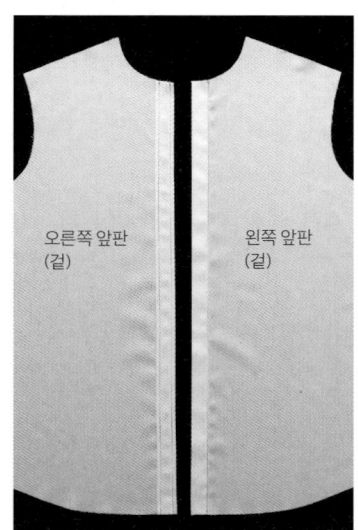

4 오른쪽 앞판의 단춧집 덧단 양쪽 가장자리와, 왼쪽 앞판의 두 번 접기한 가장자리에 스티치한다. 단춧집 덧단 트임 완성.

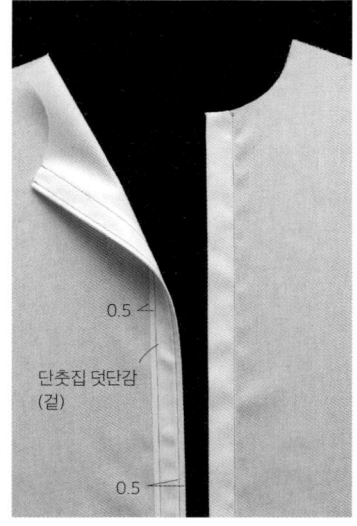

확대 사진

칼라를 단다. 오른쪽 앞판에 단춧구멍을 만들고 왼쪽 앞판에 단추를 단다.

덧단 트임

가위집을 넣고 덧단 형태의 원단을 단 트임으로, 부분적인 트임을 만들 때 사용한다.
오른쪽 소맷부리를 예로 들어 설명한다. 왼쪽 소맷부리는 좌우를 반대로 해서 만든다.

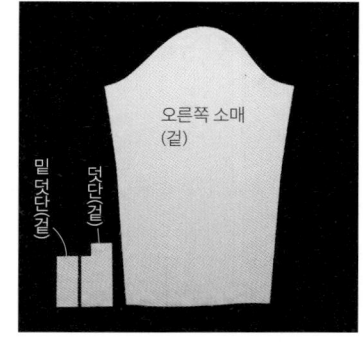

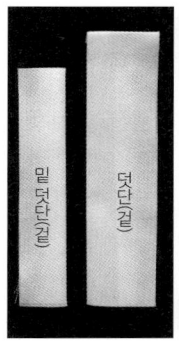 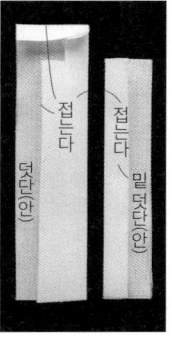 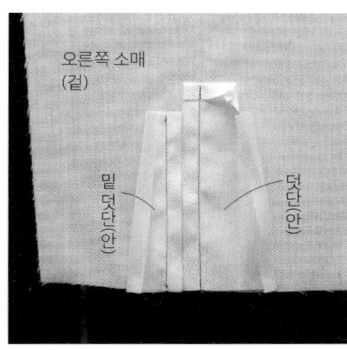 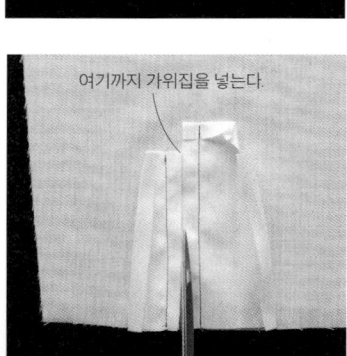

1 완성선을 따라 덧단과 밑 덧단을 다리미로 접는다.

2 소맷부리의 트임 위치에 덧단과 밑 덧단을 겉끼리 맞대어 놓고 박는다.

3 밑 덧단 위쪽까지 가위집을 넣는다.

  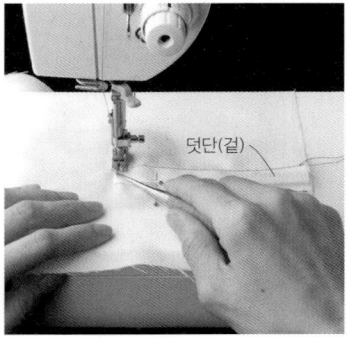

4 시접을 감싸듯이 해서 밑 덧단을 안면으로 뒤집은 다음, 시침핀으로 고정한다.

5 밑 덧단에 스티치한 모습. 덧단도 마찬가지로 안면으로 뒤집은 다음, 시침핀으로 고정한다.

6 트임 끝 지점까지 이어서 스티치하고, 덧단을 봉제해 고정한다.

 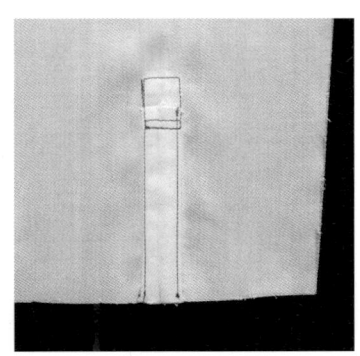 

7 덧단 트임 완성(겉).

(안)

커프스를 단다. 덧단 쪽에 단춧구멍을 만들고 밑 덧단 쪽에 단추를 단다.

no. 2   남성용 셔츠 → page05

● 필요한 패턴【D면】
앞판, 뒤판, 요크, 소매, 윗깃, 밴드, 뾰족단, 밑덧단, 단춧집 덧단감, 커프스

● 재료
겉감 폭 110cm×2m 30cm
접착심 폭 90cm×80cm
단추 지름 1.15cm 9개

● 재단
요크·소매·윗깃·밴드·뾰족단·밑 덧단 각 2장,
오른쪽 앞판·왼쪽 앞판·단춧집 덧단감·뒤판 각 1장, 커프스 4장.
재단 배치도를 참조해서 접착심을 붙인다.

● 만드는 방법 (P.29 참조)
1. 앞판, 앞단의 트임을 박는다.
 → P. 30 〈단춧집 덧단 트임〉
2. 뒤판과 요크를 합봉한다. 밑단은 두 번 접어 스티치한다.
3. 앞판 어깨와 요크를 합봉한다.
4. 소맷부리의 트임을 박는다.
 → P. 33 〈덧단 트임 : 뾰족단〉
5. 몸판의 진동 둘레에 소매를 겉끼리 맞대어 박고 시접을 처리한다. 소매산의 시접을 몸판 쪽으로 넘기고 요크에 스티치(0.5cm)한다.
6. 앞·뒤판과 소매를 겉끼리 맞대고, 소매 밑단에서 몸판 밑단까지 옆선을 이어서 박는다. 시접을 처리하고 뒤판 쪽으로 넘겨 스티치한다.
7. 칼라를 만들고 몸판 목둘레에 단다.
8. 커프스를 만들고 소맷부리에 단다.
9. 앞트임 부분과 커프스에 단춧구멍을 만들고 단추를 단다.

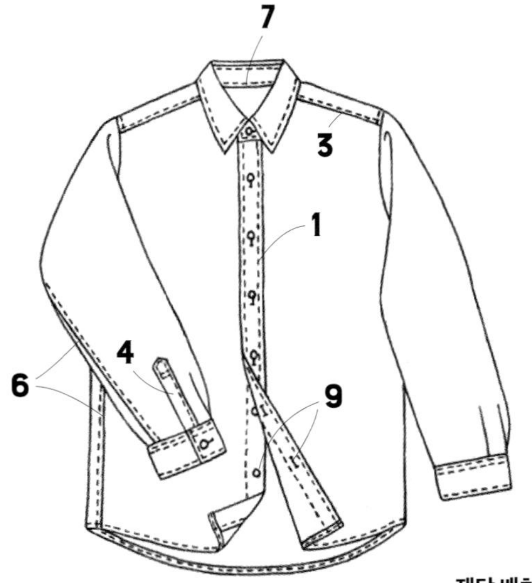

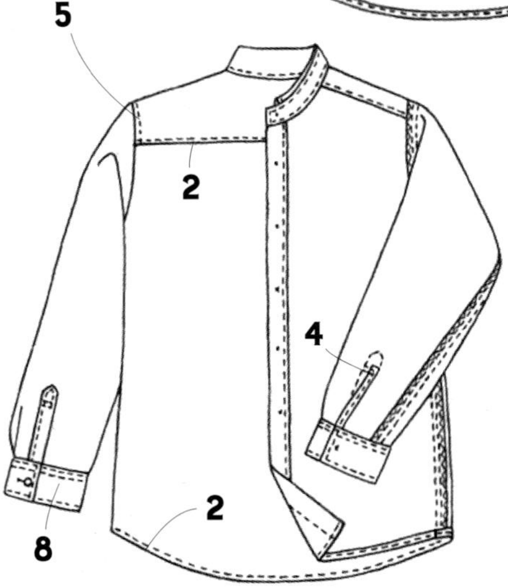

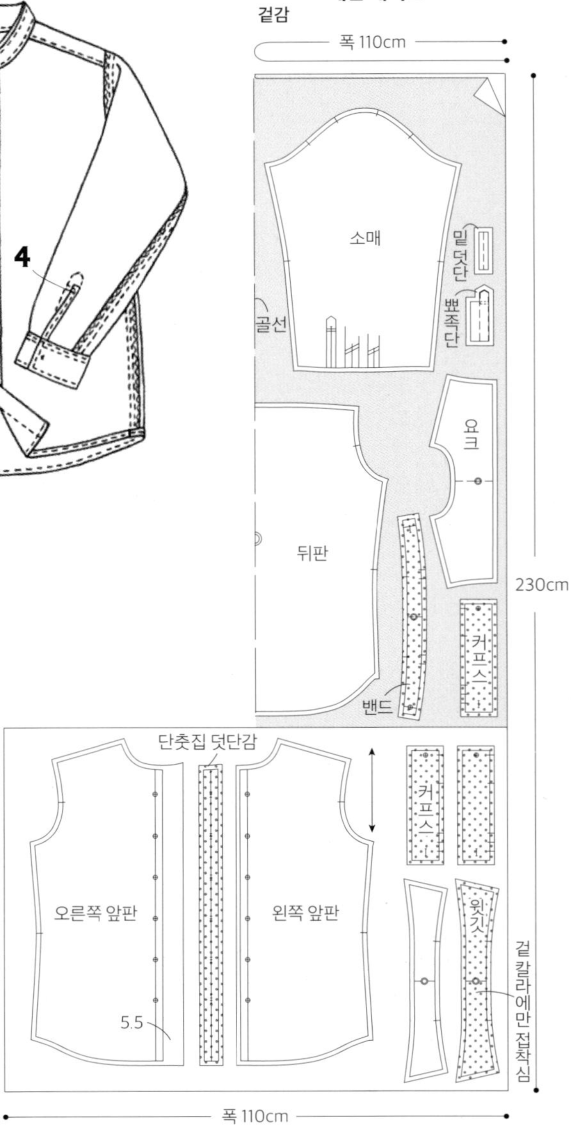

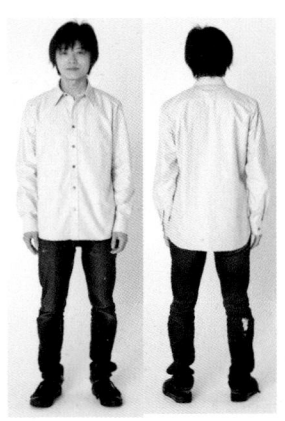

* 지정 이외의 시접은 1cm
* 안면에 접착심을 붙이는 위치

덧단 트임 : 뾰족단

no.1의 덧단 트임과 동일하나, 덧단 끝부분이 칼처럼 뾰족한 형태로 되어 있어 '뾰족단'이라 불린다. '슬리브 플래킷(sleeve placket)'이라고도 하며, 주로 남성복에 사용된다.

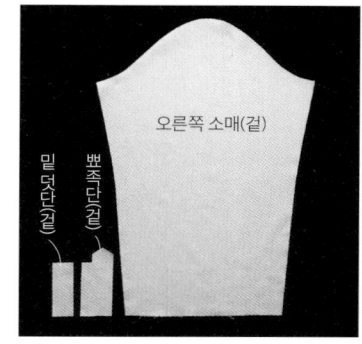

 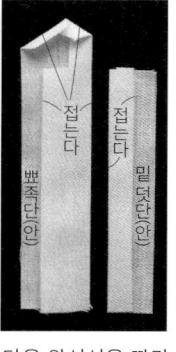

1 뾰족단과 밑 덧단을 완성선을 따라 다리미로 접는다.

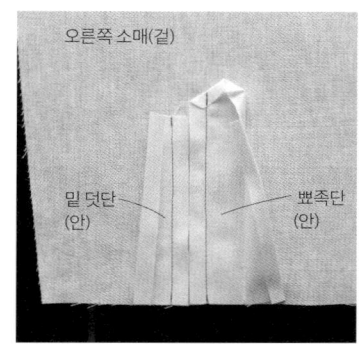

2 소맷부리의 트임 위치에 뾰족단과 밑 덧단을 겉끼리 맞대어 놓고 박는다.

3 밑 덧단 위쪽까지 가위집을 넣는다.

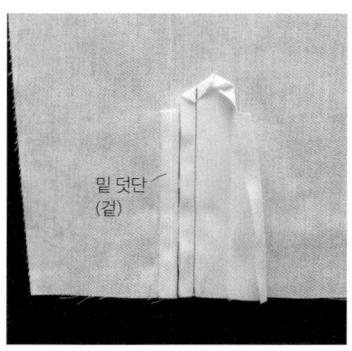

4 시접을 감싸듯이 해서 밑 덧단을 안면으로 뒤집은 다음, 시침핀으로 고정한다.

5 밑 덧단에 스티치한 모습. 마찬가지로 뾰족단도 안면으로 뒤집고 시침핀으로 고정한다.

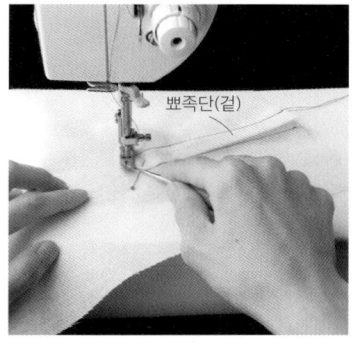

6 트임 끝 지점까지 이어서 스티치하고 뾰족단을 봉제해 고정한다.

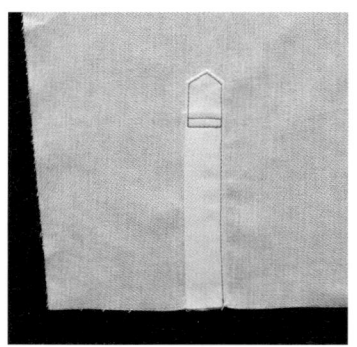

7 덧단 트임 완성(겉).

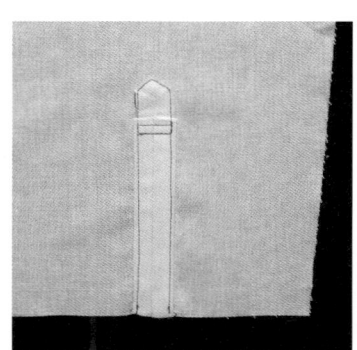

(안)

커프스를 단다. 뾰족단 쪽에 단춧구멍을 만들고 밑 덧단 쪽에 단추를 단다.

no. 3 돌먼 슬리브 블라우스 →page06

● 필요한 패턴【B면】
앞판, 뒤판, 윗깃, 밴드, 커프스

● 재료
겉감 폭 110cm×2m 20cm
접착심 폭 90cm×50cm
단추 지름 1.15cm 9개

● 재단
앞판·뒤판·윗깃·밴드·커프스 각 2장.
재단 배치도를 참조해서 접착심을 붙인다.

● 만드는 방법

1 앞판, 앞단의 트임을 박는다.
→P.35 〈앞단 두 번 접기 트임〉

2 앞·뒤판을 겉끼리 맞대어 어깨를 박고, 소맷부리 트임을 박는다.
→P. 36 〈봉제선을 이용한 트임〉

3 좌우 뒤판을 겉끼리 맞대고 뒤 중심을 박는다. 시접을 처리하고 오른쪽 몸판 쪽으로 넘겨 스티치한다.

4 앞·뒤판을 겉끼리 맞대고 소매 밑단에서 몸판 밑단까지 옆선을 이어서 박는다. 시접을 처리하고 뒤판 쪽으로 넘겨 스티치한다.
※ 그림 참조

5 칼라를 만들고 몸판 목둘레에 단다.
→P. 29의 **7**

6 소맷부리에 커프스를 단다. ※ 그림 참조

7 밑단을 두 번 접어 스티치한다. ※ 그림 참조

8 앞트임 부분과 커프스에 단춧구멍을 만들고 단추를 단다.

4

6

7

재단 배치도

* 지정 이외의 시접은 1cm
⁝⁝ 안면에 접착심을 붙이는 위치

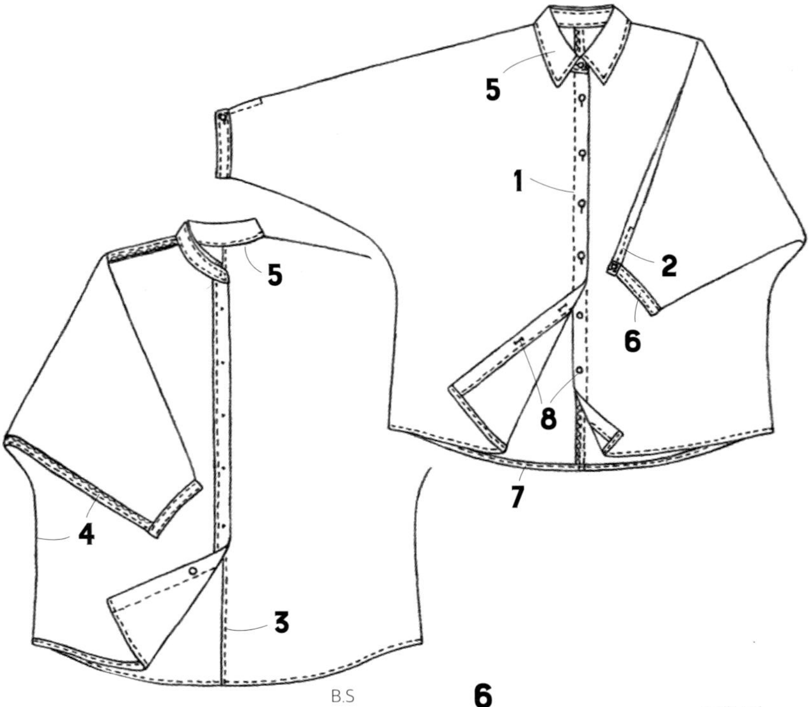

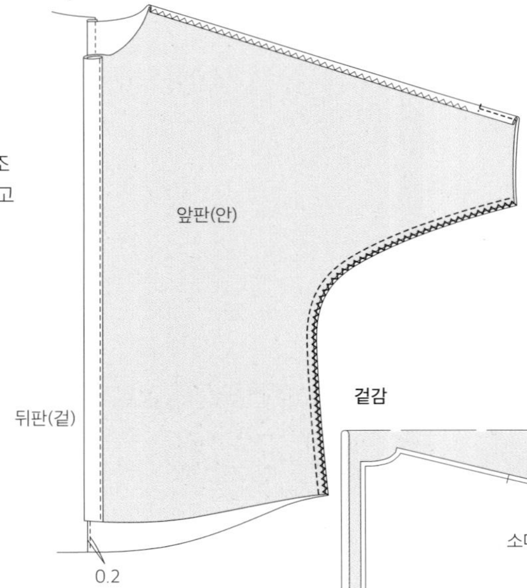

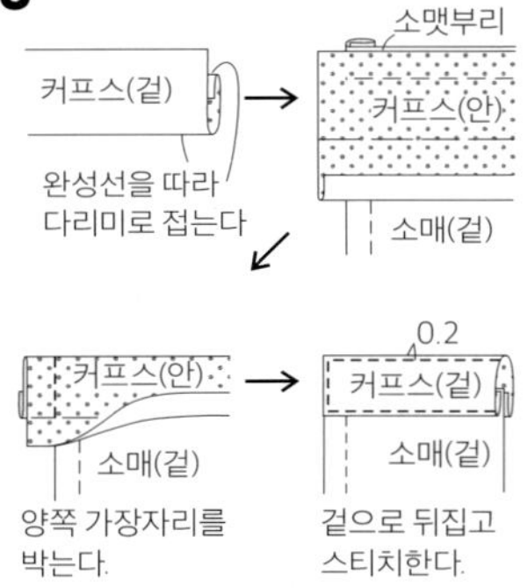

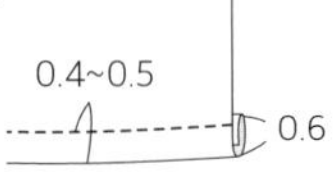

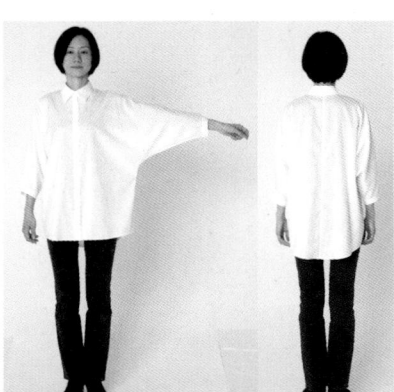

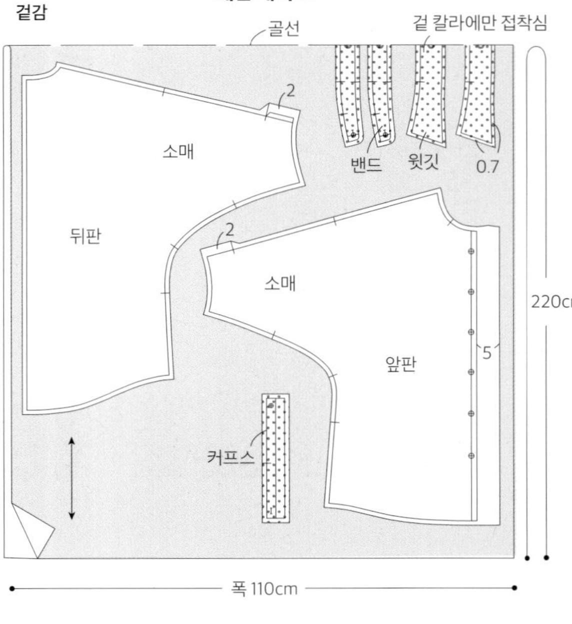

앞단 두 번 접기 트임

앞단의 시접을 두 번 접어 만드는 가장 단순한 트임. 두 번 접은 부분은 단춧구멍과 단추 달기로 고정하기 때문에 스티치는 하지 않아도 된다. 여기서는 스티치한 경우를 예로 들어 설명한다.

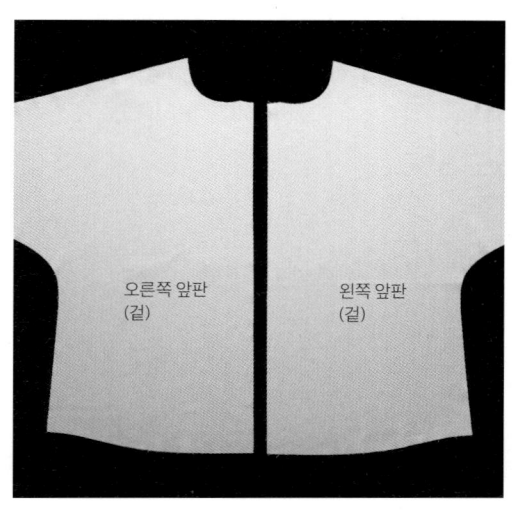

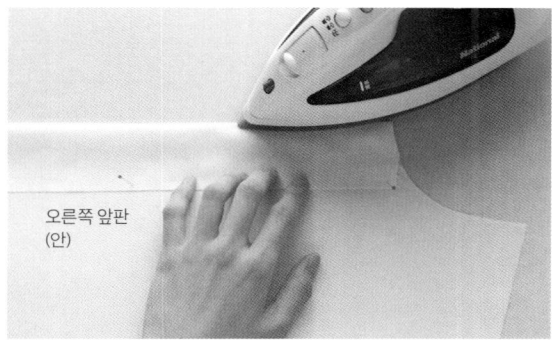

1 먼저 완성선을 따라 반으로 접는다.

2 1을 펼쳐서 시접 폭의 반을 접는다.

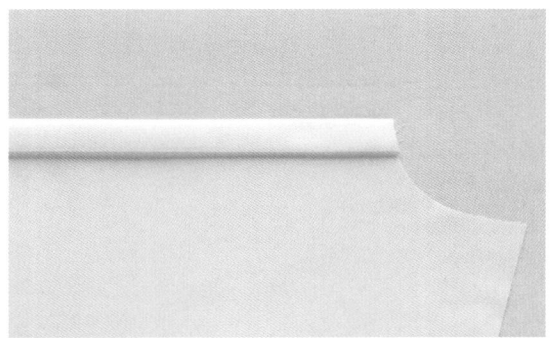

3 2의 상태에서 한 번 더 완성선을 따라 접는다.

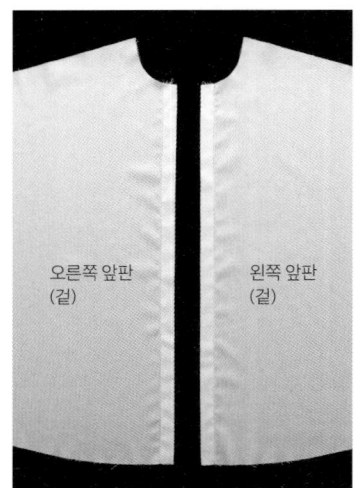

4 두 번 접은 앞단에 스티치한다. 앞단 두 번 접기 트임 완성.

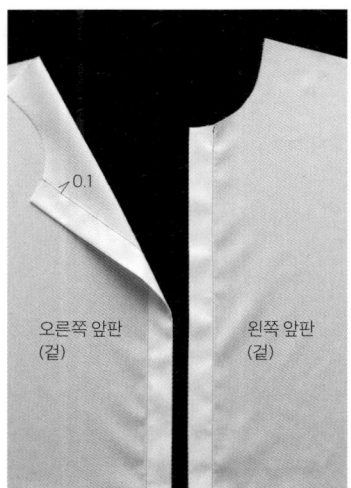

확대 사진

칼라를 단다. 밴드와 오른쪽 앞 중심에 단춧구멍을 만들고 왼쪽 앞 중심에 단추를 단다.

봉제선을 이용한 트임

가위집은 넣지 않고 봉제선의 연장선에 만드는 트임.
여밈이 되기 때문에 시접을 줄 때 주의한다.

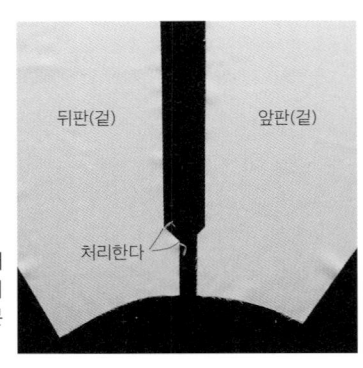

재단. 여밈의 아래쪽(밑 덧단)이 될 뒤판의 시접 일부분을 처리해둔다.

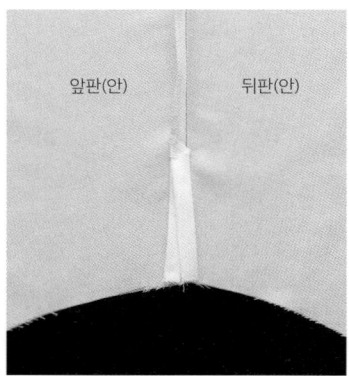

1 앞·뒤판을 각각 완성선을 따라 다리미로 두 번 접는다.

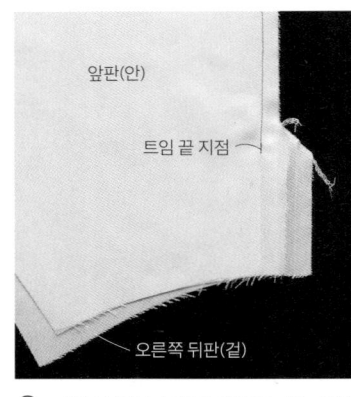

2 1에서 접은 시접을 펼치고, 앞·뒤판을 겉끼리 맞대어 트임 끝 지점까지 박는다.

3 트임 부분을 다시 두 번 접은 다음, 시접을 처리한다.

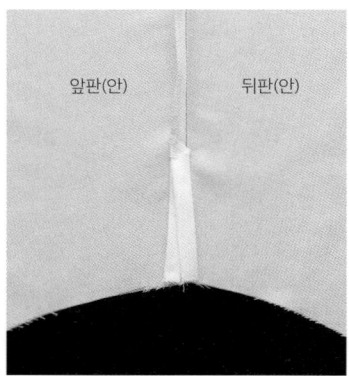

4 여밈의 위쪽이 될 쪽(앞판)으로 시접을 넘긴다.

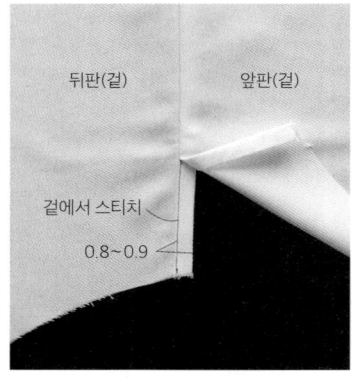

5 두 번 접기 한 아래쪽(뒤판)을 겉에서 스티치한다.

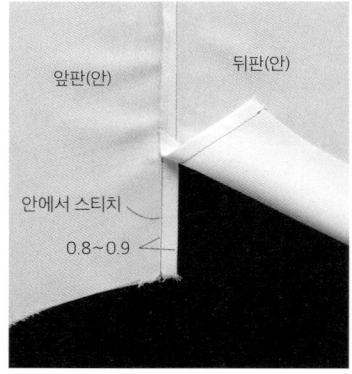

6 두 번 접기 한 위쪽(앞판)을 안에서 스티치한다.

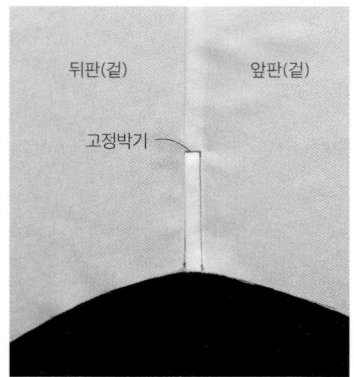

7 트임 끝 지점에 고정박기를 한다. 봉제선을 이용한 트임 완성(겉).

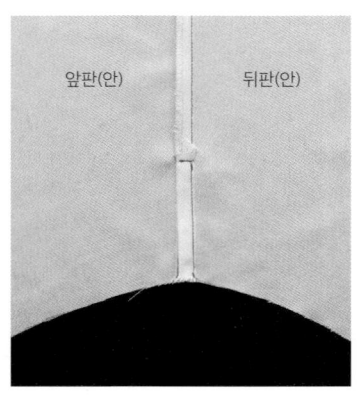

(안)

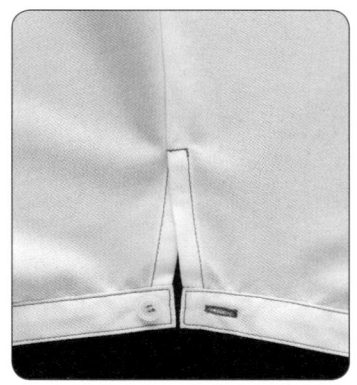

커프스를 단다. 위쪽에 단춧구멍을 만들고 아래쪽에 단추를 단다.

no. 4 돌먼 슬리브 블라우스 →page07

● **필요한 패턴【B면】**
앞판, 뒤판, 칼라, 커프스

● **재료**
겉감(오카다야 원단*) 폭 108cm×2m 20cm
접착심 폭 90cm×50cm
단추 지름 1cm 10개

● **재단**
앞판·뒤판·칼라·커프스 각 2장.
재단 배치도를 참조해서 접착심을 붙인다.

● **만드는 방법**
1. 앞판, 앞단의 트임을 박는다.
   →P.35〈앞단 두 번 접기 트임〉
2. 앞·뒤판을 겉끼리 맞대어 어깨를 박고, 소맷부리의 트임을 박는다.
   →P.36〈봉제선을 이용한 트임〉
3. 좌우 뒤판을 겉끼리 맞대어 뒤 중심을 박는다. 시접을 처리하고 오른쪽 몸판 쪽으로 넘긴다.
4. 앞·뒤판을 겉끼리 맞대고, 소매 밑단에서 몸판 밑단까지 옆선을 이어서 박는다. 시접을 처리하고 뒤판 쪽으로 넘긴다. P.34의 **4**
5. 칼라를 만들고 몸판 목둘레에 단다. ※ 그림 참조
6. 소맷부리에 커프스를 단다. P.34의 **6**
7. 밑단을 두 번 접어 스티치한다. ※ 그림 참조
8. 앞트임 부분과 커프스에 단춧구멍을 만들고 단추를 단다.

---

* 수예 용품 및 수예 재료를 판매하는 일본의 'OKADAYA' 회사에서 만든 원단

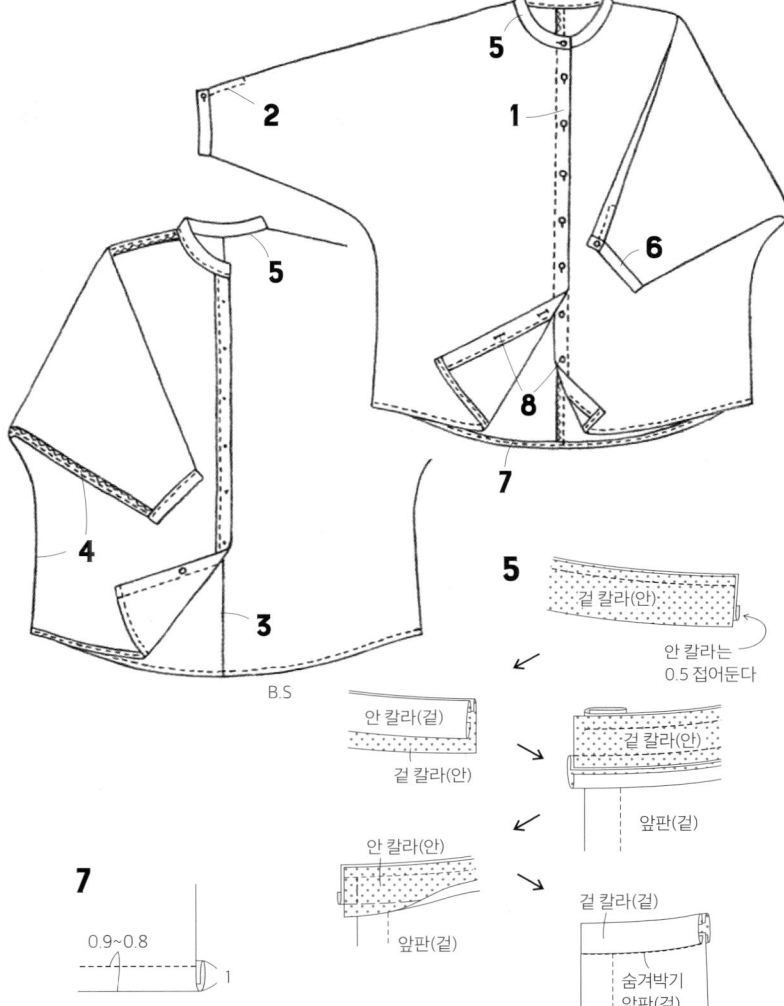

* 지정 이외의 시접은 1cm
  안면에 접착심을 붙이는 위치

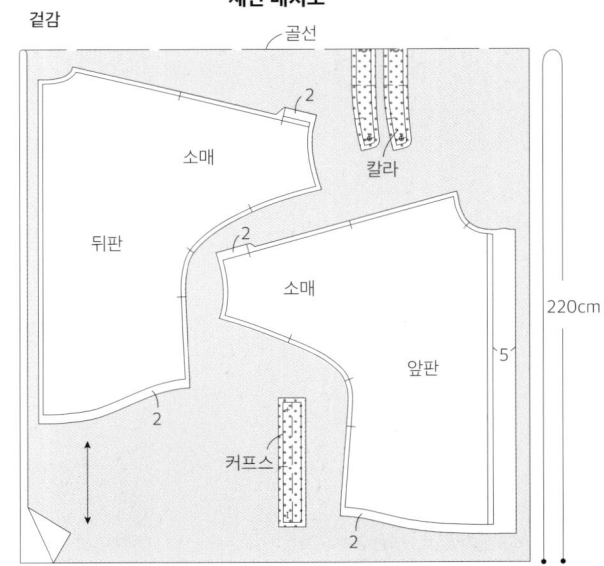

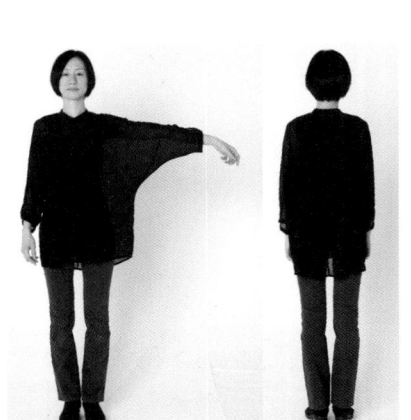

no. 5 스웨트 파카 → page08

● **필요한 패턴【A면】**
앞판, 뒤판, 소매, 후드, 후드 덧단감, 후드 안단,
주머닛감, 소맷부리 덧단감

● **재료**
겉감(오카다야 원단) 폭 180cm×1m 40cm
접착심 사방 20cm
가시도트 단추 지름 1.3cm 3쌍
오픈 지퍼 60cm 1개
끈 지름 0.6cm×1m
일자형 스토퍼 2개

● **재단**
앞판·소매·후드·후드 안단·주머닛감·소맷부리
덧단감 각 2장, 뒤판·후드 덧단감 1장.
후드의 가시도트단추 달 위치와 앞판의 끈 끼울
구멍에 접착심을 붙이고, 지퍼 위치에 늘어남
방지 접착테이프를 붙인다.

● **만드는 방법**

1. 앞판에 주머니를 달고, 끈 끼울 구멍으로 쓰일 단춧구멍을 만든다. ※ 그림 참조
2. 앞·뒤판의 어깨를 겉끼리 맞대어 박는다. 시접을 처리하고 뒤쪽으로 넘겨 스티치한다. ※ 그림 참조
3. 몸판 진동 둘레와 소매를 겉끼리 맞대어 박는다. 시접을 처리하고 몸판 쪽으로 넘겨 스티치한다. ※ 그림 참조
4. 앞·뒤판을 겉끼리 맞대고 소매 밑단에서 몸판 밑단까지 옆선을 이어서 박는다. 시접을 처리하고 뒤판 쪽으로 넘긴다.
5. 밑단의 시접 가장자리를 처리하고 한 번 접어 스티치한다. ※ 그림 참조
6. 앞 중심에 지퍼를 단다.
   → P.40 〈오픈 지퍼 트임 : 지퍼 이빨 가리기〉
7. 소맷부리에 소맷부리 덧단감을 단다. ※ 그림 참조
8. 후드를 만들고 몸판 목둘레에 단다. ※ 그림 참조
9. 후드에 가시도트 단추를 달고 밑단에 끈을 끼운다.

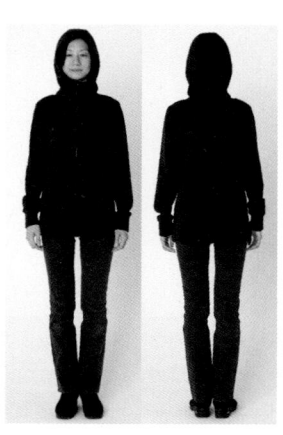

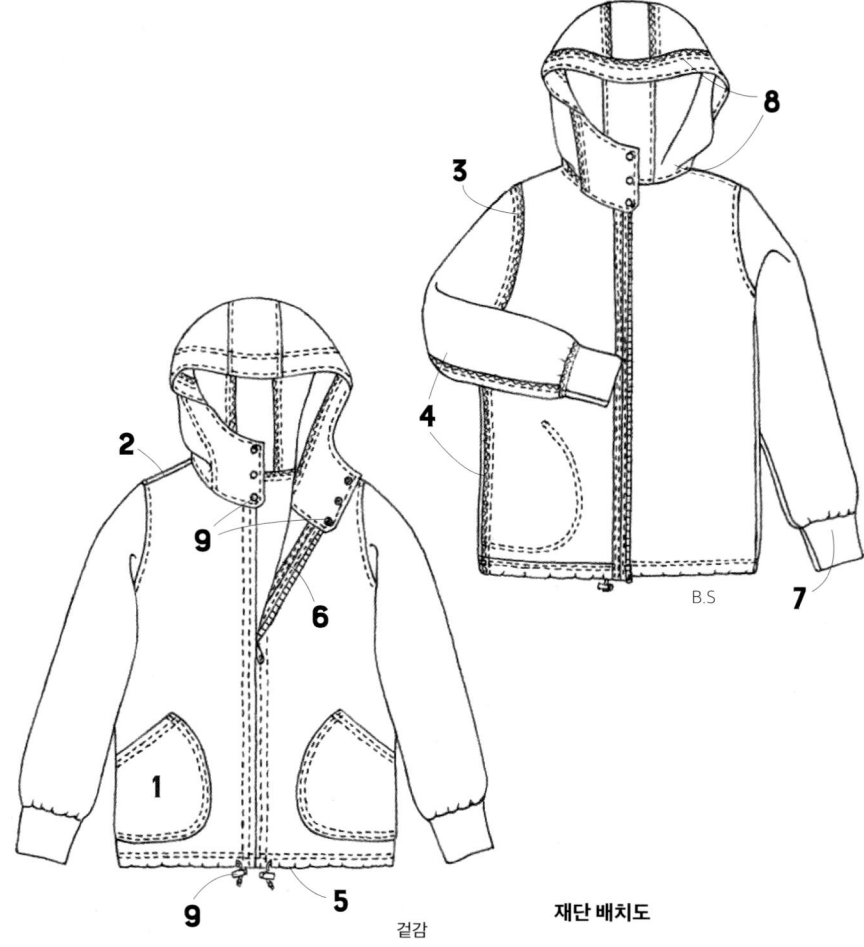

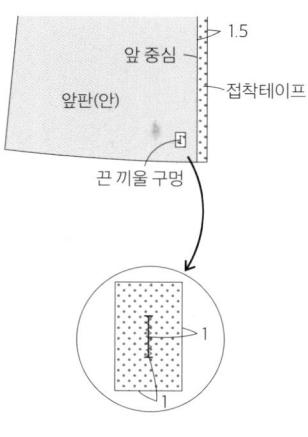

접착심, 접착테이프 붙이는 위치

1.5
앞 중심
앞판(안)
접착테이프
끈 끼울 구멍

1
1

* 지정 이외의 시접은 1cm
  안면에 접착심을 붙이는 위치

재단 배치도

겉감

폭 180cm
140cm

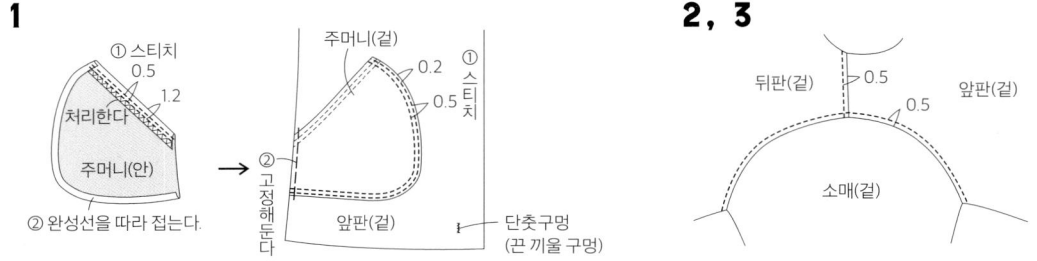
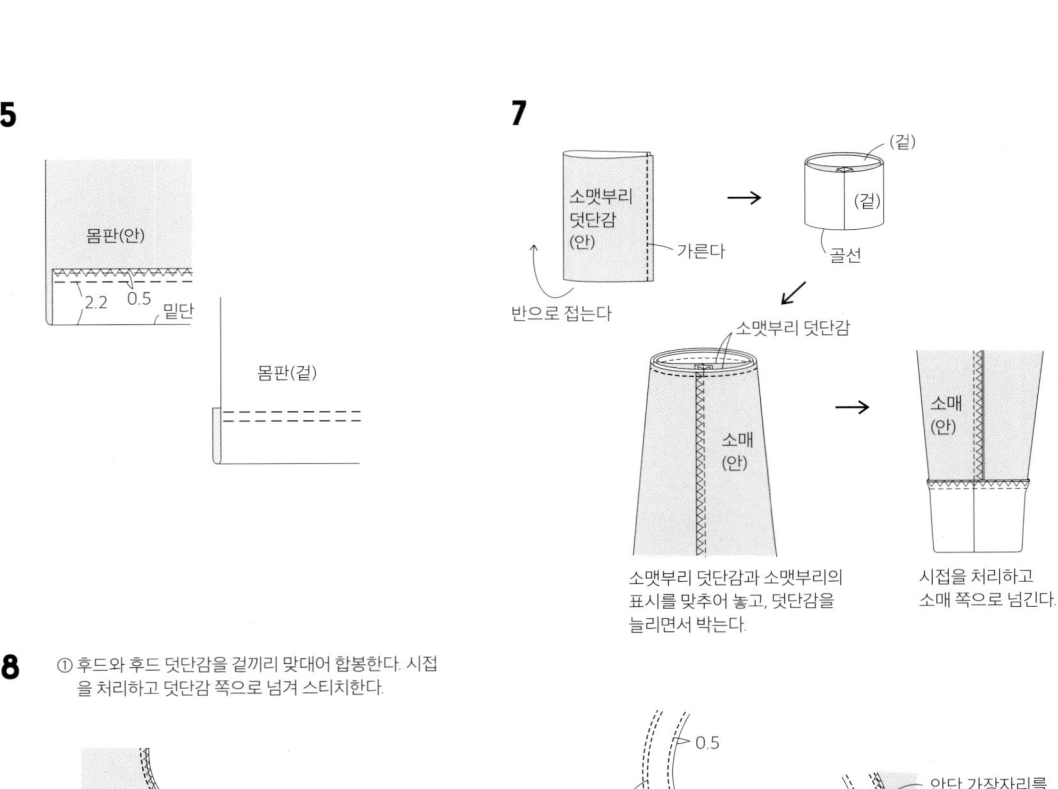
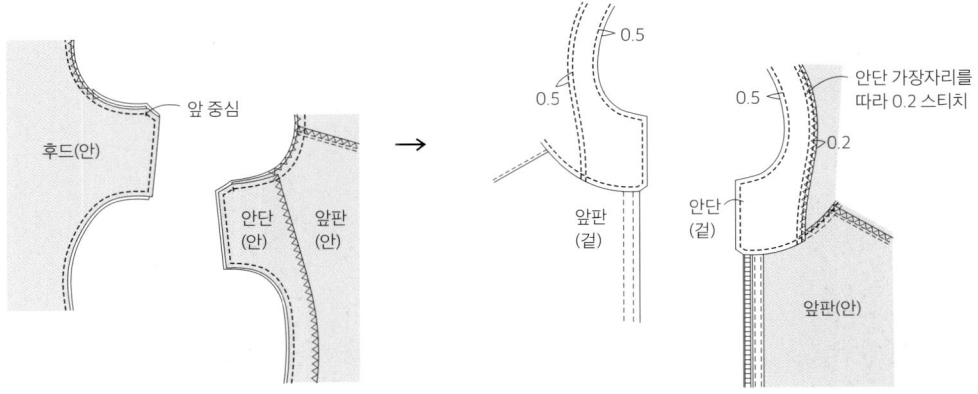

오픈 지퍼 트임 : 지퍼 이빨 가리기

하단 막음쇠 없이 좌우로 나뉘는 지퍼 트임. 여기서는 서로 맞물리는 부분 = 지퍼 이빨을 가리는 경우를 예로 들어 설명한다.

재단. 지퍼를 스티치로 고정하기 때문에 시접은 1.5cm를 준다.

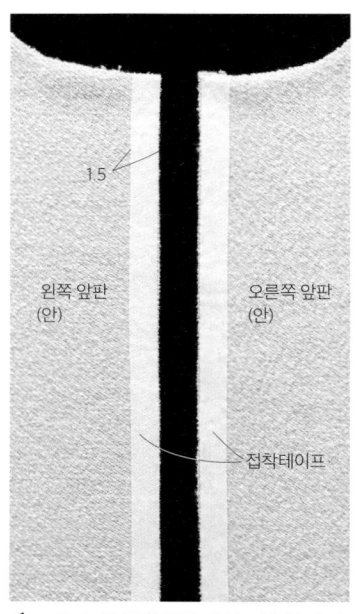

1 지퍼 위치에 접착테이프를 붙인다. 시접 폭에 맞추면 만들기 쉽다.

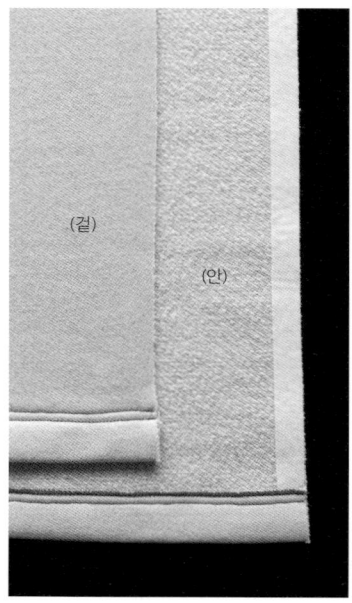

2 밑단을 처리한 다음, 완성선을 따라 접고 스티치한다.

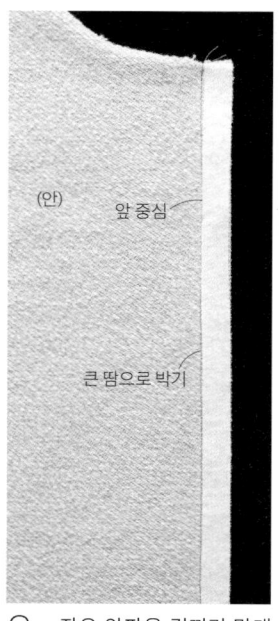

3 좌우 앞판을 겉끼리 맞대고, 밑단까지 앞 중심에 큰 땀으로 박는다.

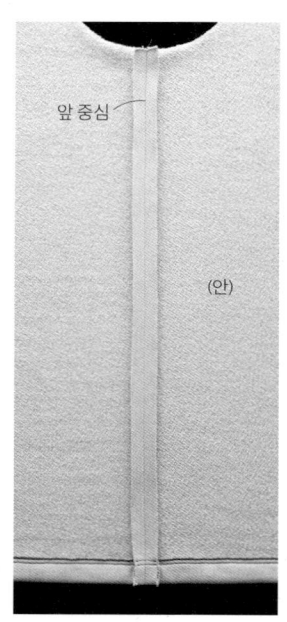

4 시접을 가른다.

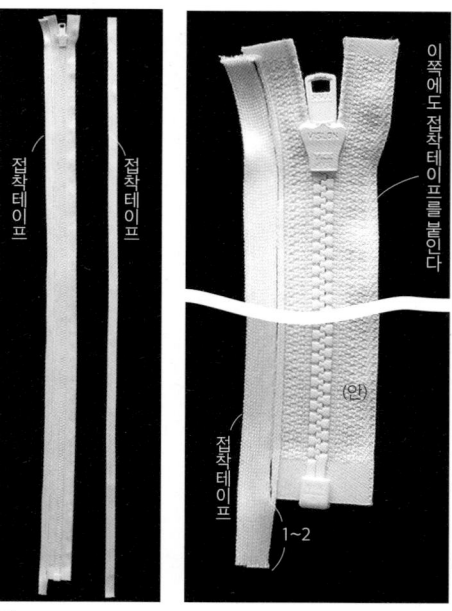

5 오픈 지퍼의 양쪽 가장자리에 접착테이프를 붙인다.
※ 안단을 달지 않기 때문에 접착테이프로 지퍼 가장자리를 가린다.

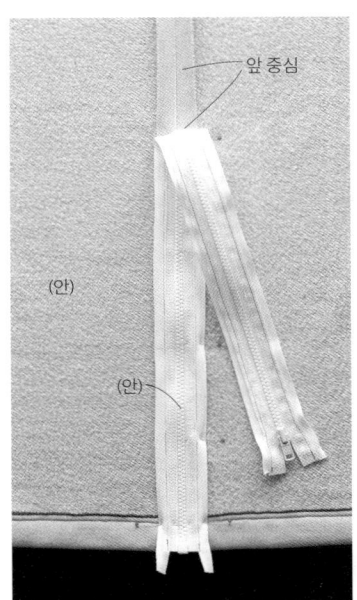

6 바늘땀과 지퍼의 중심을 맞추어 놓고 시침핀으로 고정한다.

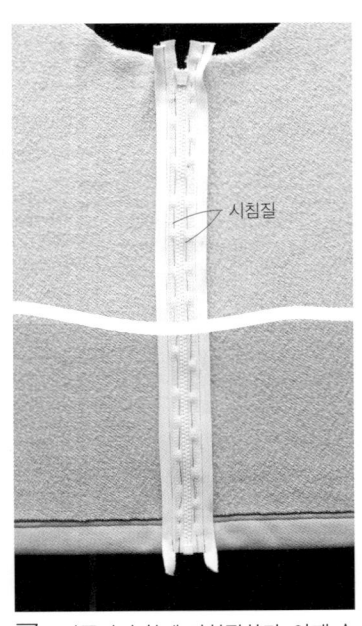

7 겉쪽까지 함께 시침질한다. 이때 슬라이더 부분은 고정하기 어렵지만, 큰 땀으로 박은 실위를 약간 뜯어 두면 시침질하기 쉬워진다.

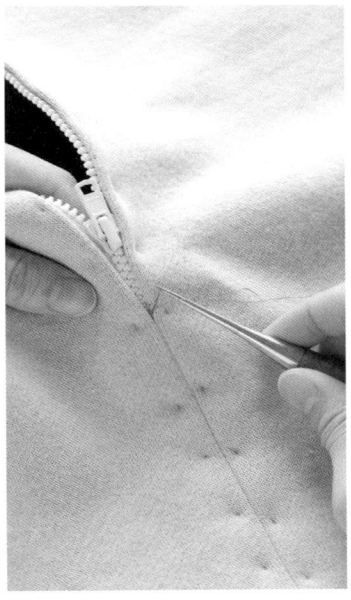

8 큰 땀으로 박았던 실을 뜯어낸다.

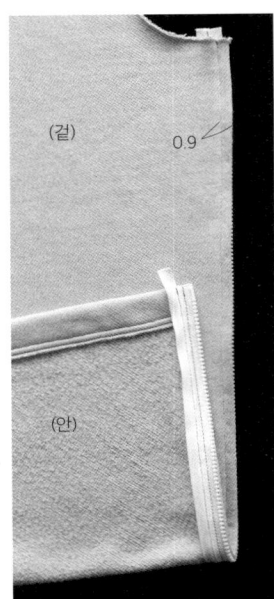

9 지퍼를 열어서 좌우로 나누어 놓고 각각 스티치한다.

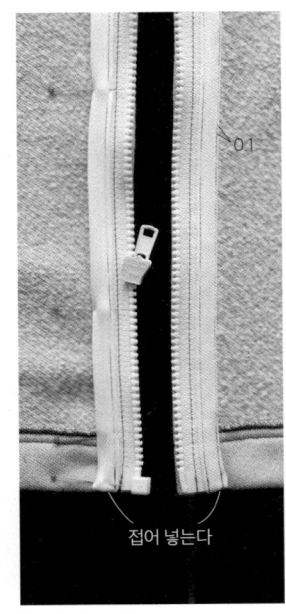

10 접착테이프 가장자리를 접어 넣고 시침핀으로 고정한 다음, 스티치한다.

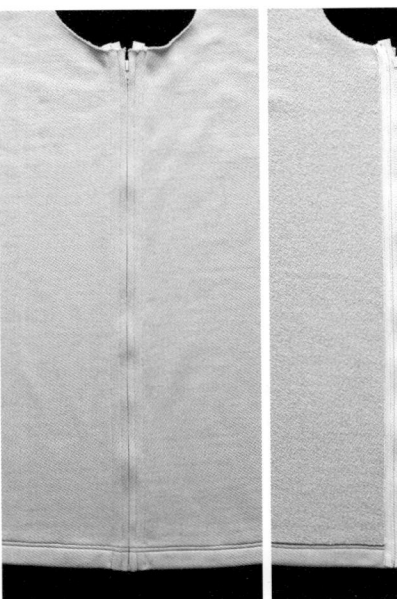

11 오픈 지퍼 트임 완성 (겉). (안)

no. 6 나일론 파카 → page09

● **필요한 패턴【A면】**
앞판, 뒤판, 소매, 후드, 후드 덧단감

● **재료**
겉감(오카다야 원단) 폭 120cm×2m
안감 폭 120cm×1m 20cm
접착심 사방 20cm
오픈 지퍼 60cm 1개
지퍼 12cm 1개, 14cm 2개
고무 밴드 폭 1.5cm×40cm
아일릿 지름 0.6cm 8쌍
고무줄 지름 0.3cm×2m
일자형 스토퍼 4개

● **재단 (겉감)**
앞판·소매·후드 각 2장, 뒤판·후드 덧단감 각 1장.
고무줄을 끼울 아일릿 위치와 가위집을 넣을
주머니 위치에 접착심을 붙인다.

● **만드는 방법**
1 앞판에 주머니를 만든다. ※ 그림 참조
2 후드와 후드 덧단감을 합봉한다. 앞·뒤판의
  어깨를 합봉한다. 몸판과 후드를 합봉한다. 안
  몸판도 같은 방법으로 합봉한다. ※ 그림 참조
3 앞 중심에 지퍼를 단다.
  →P. 44〈오픈 지퍼 트임 : 지퍼 이빨 보이기〉
  후드 둘레에 스티치하고 고무줄을 끼운 다음, 지퍼 가장자리에
  스티치한다. 목둘레에도 스티치를 해서 겉과 안을 고정한다.
  ※ 그림 참조
4 안 뒤판 가장자리를 겉 뒤판에 봉제해 고정한다. ※ 그림 참조
5 앞·뒤판의 진동 둘레와 소매를 겉끼리 맞대어 박는다. 시접을
  처리하고 몸판 쪽으로 넘긴 다음, 소매산의 맞춤점에서
  맞춤점까지 스티치한다.
6 앞·뒤판을 겉끼리 맞대고, 소매 밑단에서 몸판 밑단까지 옆선을
  이어서 박는다. 시접을 처리하고 뒤판으로 넘겨 스티치한다.
7 소맷부리를 두 번 접는다. 고무 밴드 끼울 구멍을 남기고 스티치한
  다음, 고무 밴드를 끼운다.
8 앞판 밑단에 아일릿을 달고 시접을 두 번 접어 스티치한다.
9 밑단에 고무줄을 끼우고 스티치로 고정한다.

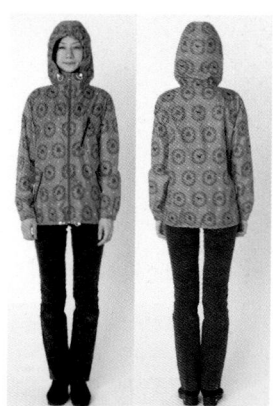

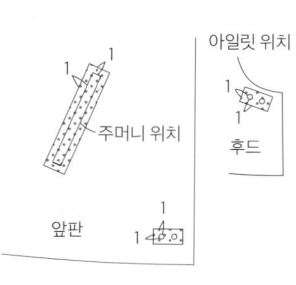

접착심 붙이는 위치

아일릿 위치
주머니 위치
후드
앞판

* 지정 이외의 시접은 1cm
  안면에 접착심을 붙이는 위치

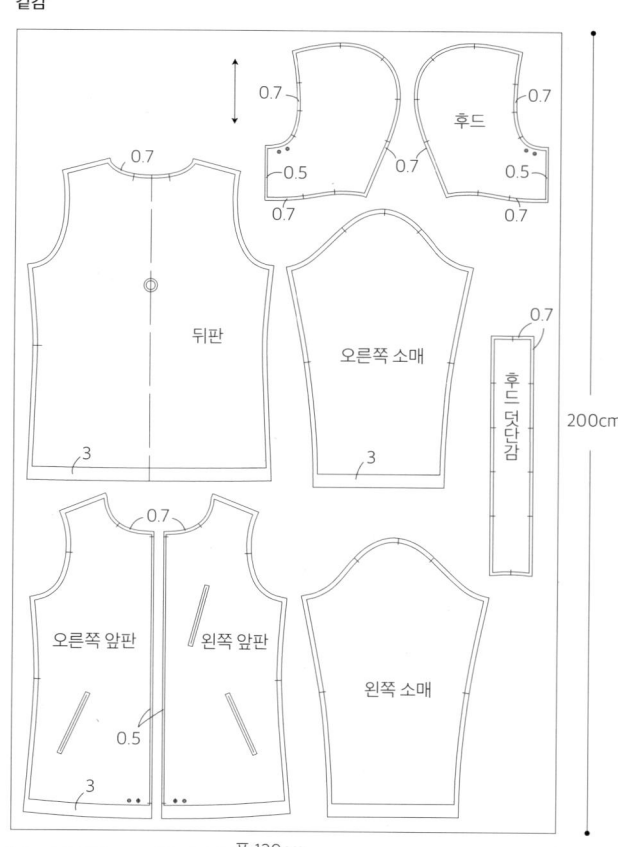

재단 배치도

겉감

후드
후드 덧단감
뒤판
오른쪽 소매
오른쪽 앞판
왼쪽 앞판
왼쪽 소매

폭 120cm
200cm

※ 앞단은 시접을 0.5cm 주고, 1cm로 박는다(지퍼 이빨 보이기 부분)

B.S

1

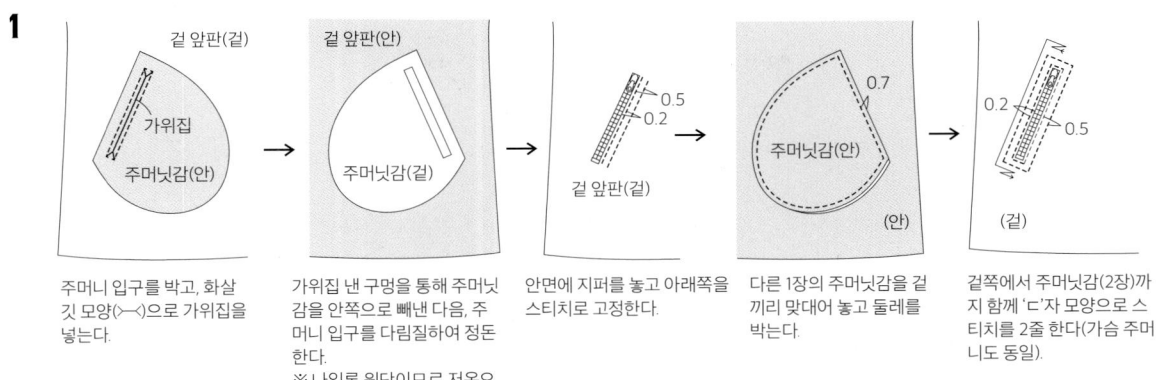

주머니 입구를 박고, 화살깃 모양(>─<)으로 가위집을 넣는다.

가위집 낸 구멍을 통해 주머닛감을 안쪽으로 빼낸 다음, 주머니 입구를 다림질하여 정돈한다.
※ 나일론 원단이므로 저온으로 다린다.

안면에 지퍼를 놓고 아래쪽을 스티치로 고정한다.

다른 1장의 주머닛감을 겉끼리 맞대어 놓고 둘레를 박는다.

겉쪽에서 주머닛감(2장)까지 함께 'ㄷ'자 모양으로 스티치를 2줄 한다(가슴 주머니도 동일).

2   **3**

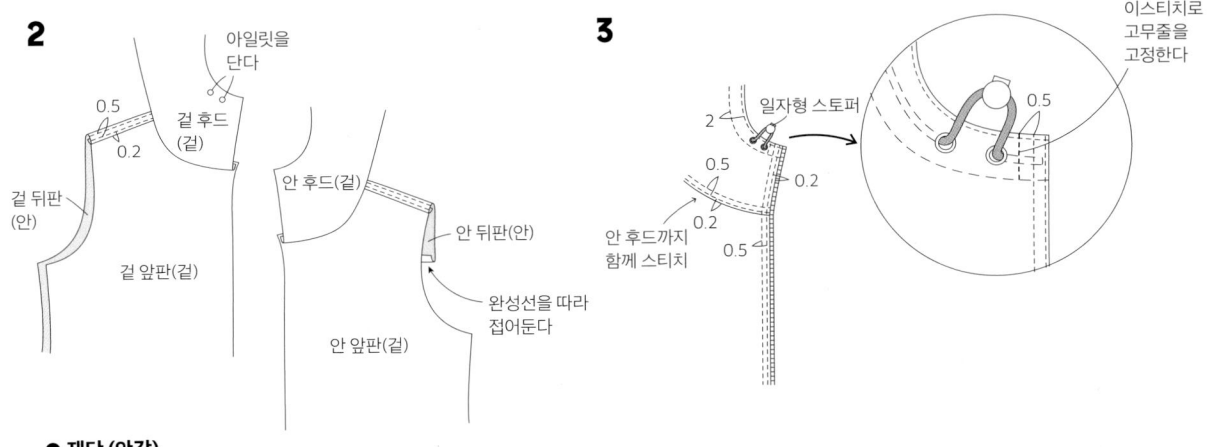

● **재단 (안감)**
앞판·후드·가슴 주머니 주머닛감 각 2장, 허리 주머니 주머닛감 4장, 안 뒤판·후드 덧단감 각 1장.

안감

4

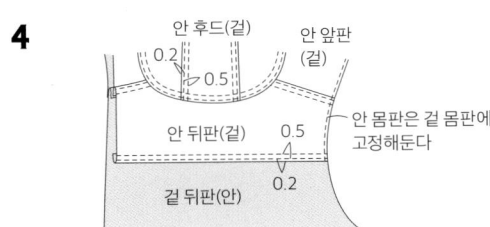

8, 9

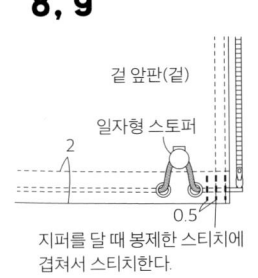
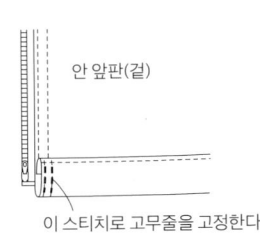

오픈 지퍼 트임 : 지퍼 이빨 보이기

하단 막음쇠 없이 좌우로 나뉘는 지퍼 트임. 여기서는 서로 맞물리는 부분을 보여주는 방법으로, 가장자리에서 가장자리까지의 지퍼 트임을 예로 들어 설명한다.

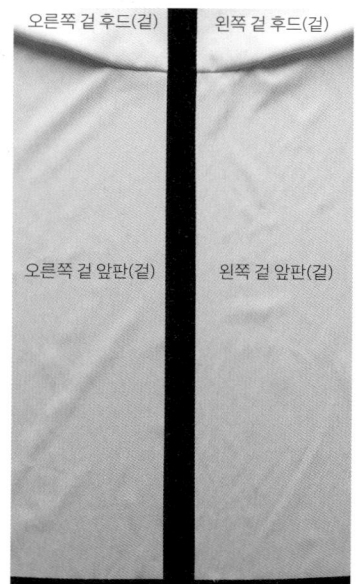

1 겉 몸판.
※ 여기서는 아일릿 구멍은 만들지 않고 설명한다.

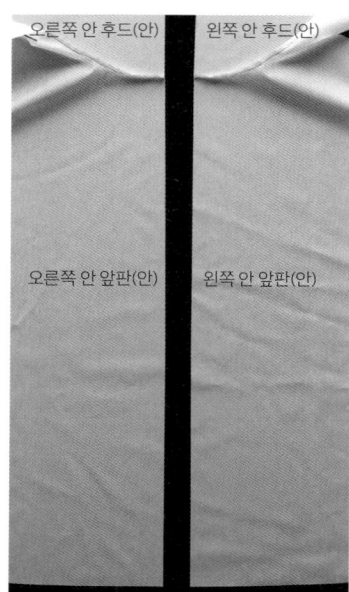

2 안 몸판.

3 위쪽 가장자리(후드 둘레)를 박아 뒤집은 다음, 지퍼를 시침핀으로 고정한다.

4 겉 몸판과 안 몸판을 겉끼리 맞대어 놓고 시침핀으로 고정한다.

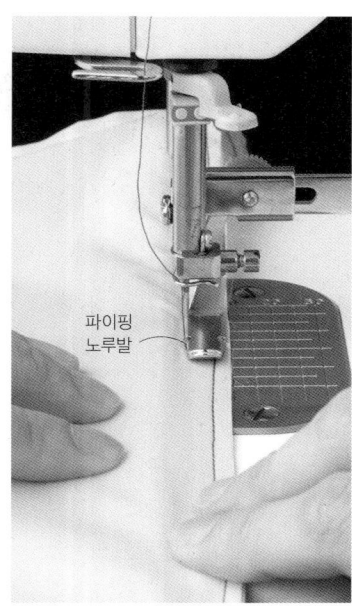
5 노루발을 파이핑 노루발로 교체하고 2줄 박는다.

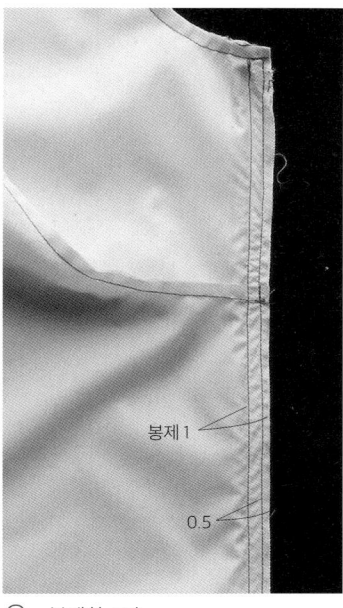
6 봉제한 모습.

7 겉으로 뒤집는다.

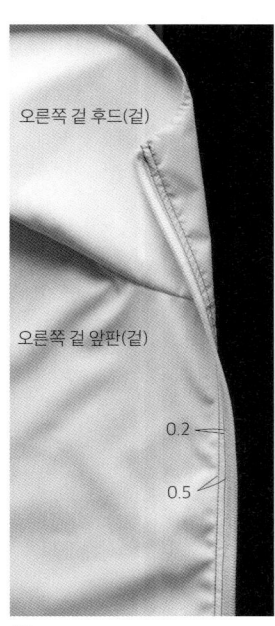
8 스티치한다.

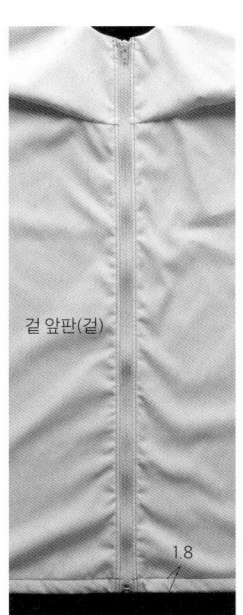
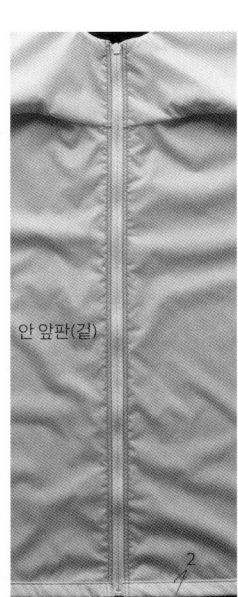
9 오픈 지퍼 트임 완성.
※ 밑단은 2장을 함께 두 번 접어 스티치한다.

no. 7 컨버터블칼라 코트 →page10

● **필요한 패턴 [B면]**
앞판, 앞 안단, 플라이 프런트감, 뒤판, 칼라,
겉소매, 안소매, 주머닛감, 플랩

● **재료**
겉감(오카다야 원단) 폭 110cm×2m 80cm
접착심 폭 90cm×1m 20cm
단추 지름 2cm 5개

● **재단**
앞판·뒤판·앞 안단·플라이 프런트감·겉소매
안소매·칼라·주머닛감 각 2장, 플랩감 4장.
재단 배치도를 참조해서 접착심을 붙인다.

● **만드는 방법**
1 앞판, 앞단의 플라이 프런트 트임을 박는다.
  →P.48〈플라이 프런트 트임 : 단추〉
2 앞판에 주머니를 단다. ※ 그림 참조
3 뒤 중심을 박고 벤트*를 박는다. ※ 그림 참조
4 앞·뒤 어깨를 합봉한다. 시접을 처리하고
  뒤판 쪽으로 넘겨 스티치한다. ※ 그림 참조
5 앞·뒤판을 겉끼리 맞대어 옆선을 박는다.
  시접을 처리하고 뒤판 쪽으로 넘겨
  스티치한다.
6 몸판 밑단에 스티치한다. ※ 그림 참조
7 칼라를 만들고 몸판 목둘레에 단다. ※ 그림
  참조
8 소매를 만들어 몸판 진동 둘레에 달고
  스티치한다. ※ 그림 참조(P.51의 **8** 참조)
9 오른쪽 앞판에 먼저 단춧구멍을 만든 다음,
  왼쪽 앞판에 단추를 단다.

---

* 벤트(vent): 양복저고리의 양쪽 옆이나 뒷자락 가운
  데에 터놓은 곳.

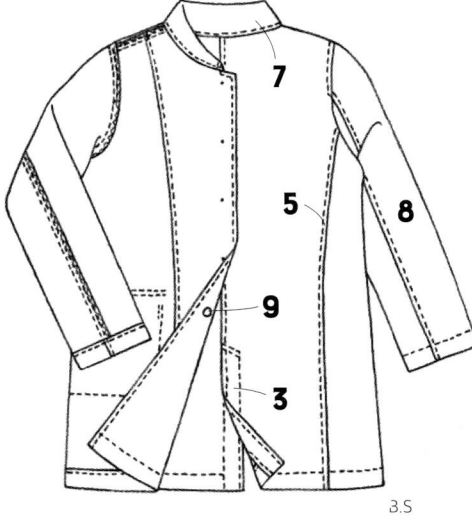

3.S

* 지정 이외의 시접은 1cm
  안면에 접착심을 붙이는 위치

6

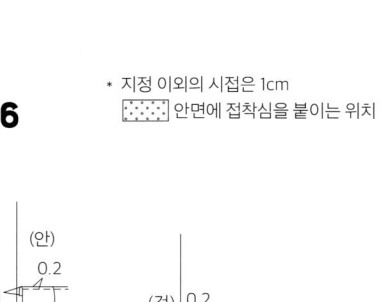

재단 배치도
겉감

280cm

폭 110cm

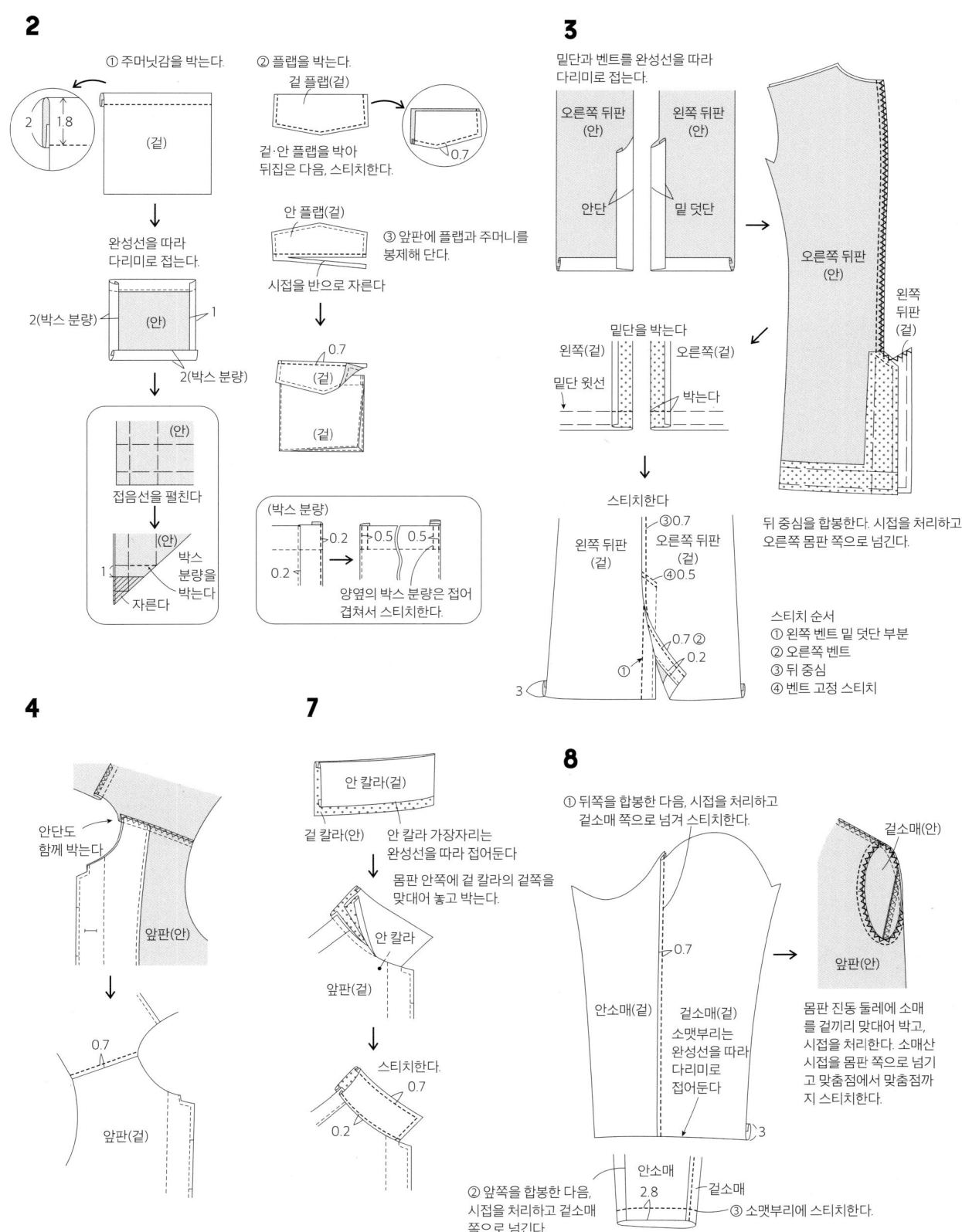

플라이 프런트 트임 : 단추

단추를 채워도 겉쪽에서 보이지 않게 만든 트임으로, 재킷·코트·팬츠의 앞트임에 많이 사용된다. 여기서는 플라이 프런트감을 사용해서 이중으로 만드는 '기본 플라이 프런트'를 예로 들어 설명한다.

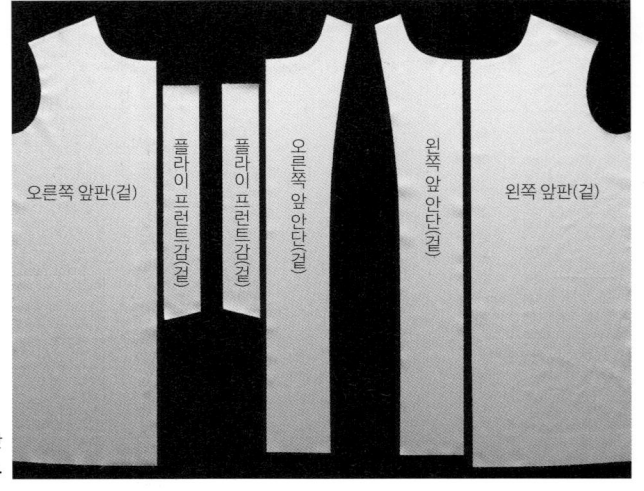

재단. 겉자락에만 플라이 프런트감이 달린다.

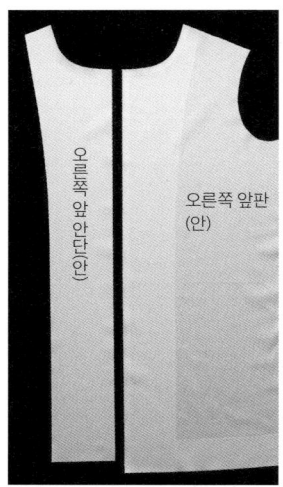

1. 좌우 앞판과 앞 안단 안면에 접착심을 붙인다.

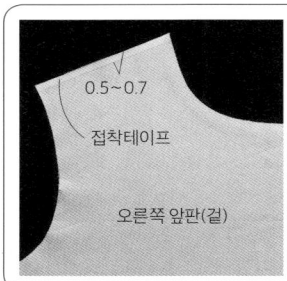

앞판 어깨 겉면의 시접 안쪽에 늘어남 방지 접착테이프를 붙인다. 안감을 달지 않는 경우, 접착테이프를 가려지는 부분에 붙인다. 시접은 2장을 한꺼번에 처리해서 뒤쪽으로 넘긴다.

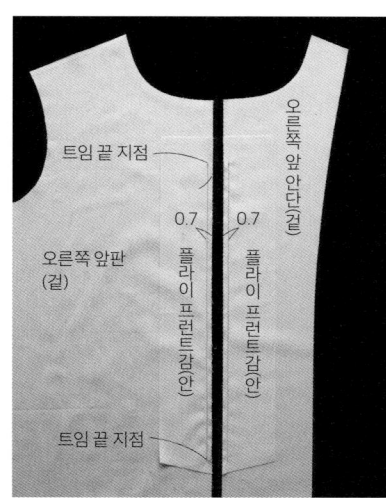

2. 오른쪽 앞판과 오른쪽 앞 안단에 각각 플라이 프런트감을 겉끼리 맞대고, 트임 끝 지점에서 트임 끝 지점까지 박는다.

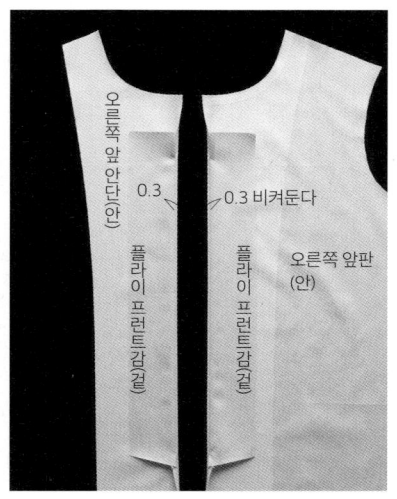

3. 플라이 프런트감을 안으로 뒤집어 0.3cm 비켜둔 다음, 다림질해 정돈한다.

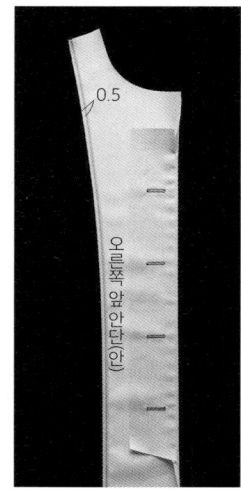

4. 안단의 플라이 프런트 부분에 단춧구멍을 만든다. 안단 가장자리를 처리한 다음, 한 번 접어 스티치한다.

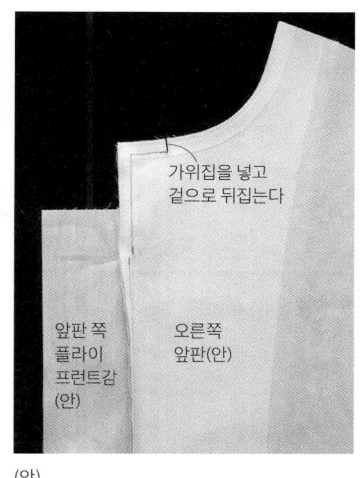

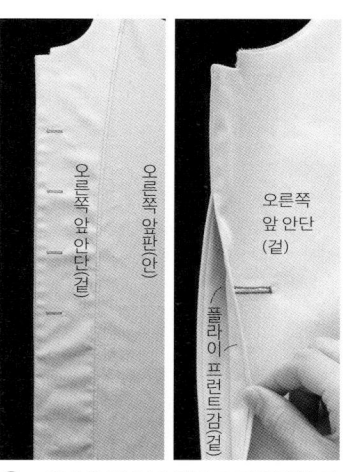

6 안단을 겉으로 뒤집고 다림질해 정돈한다.

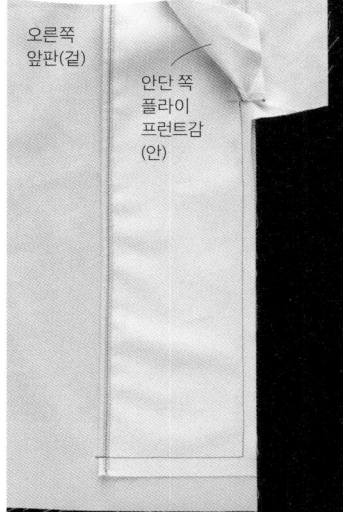

5 앞판과 앞 안단을 겉끼리 맞댄 다음, 플라이 프런트감을 젖혀 놓고 칼라를 다는 끝 지점에서 앞단, 밑단을 박는다.

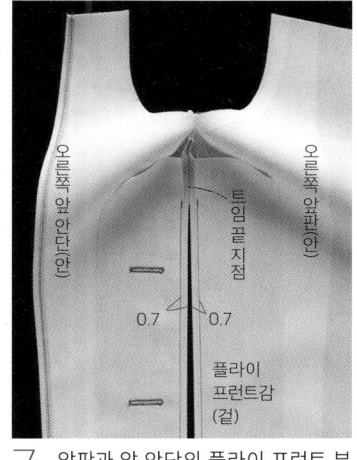

7 앞판과 앞 안단의 플라이 프런트 부분 앞단, 트임 끝 지점에서 트임 끝 지점까지 스티치한다.

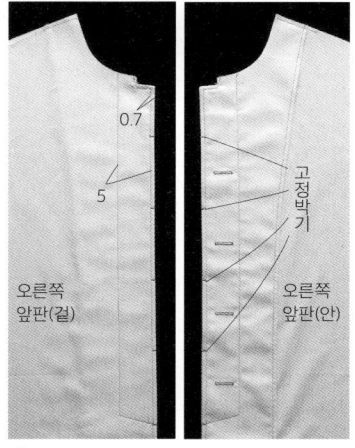

8 플라이 프런트 부분 이외의 앞단에 스티치하고, 플라이 프런트감을 고정하는 스티치를 한다. 단춧구멍과 단춧구멍 사이에 고정박기를 한다.

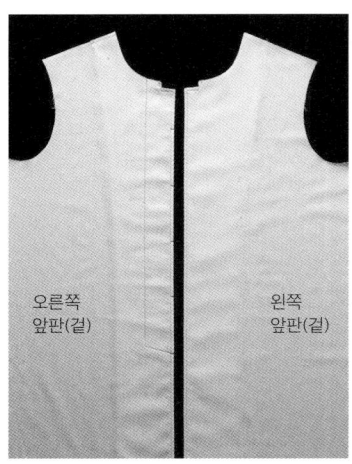

9 왼쪽 앞판은 왼쪽 앞 안단으로 박아 뒤집고, 앞단에 스티치한다. 플라이 프런트 트임 완성.

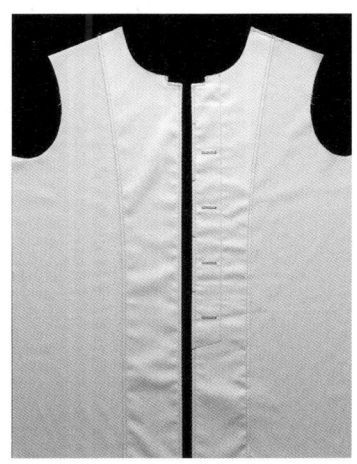

(안)

칼라를 단다. 먼저 단춧구멍을 만든 다음, 옷 안자락이 될 왼쪽 몸판에 단추를 단다.

no. 8 하이칼라 코트 →page12

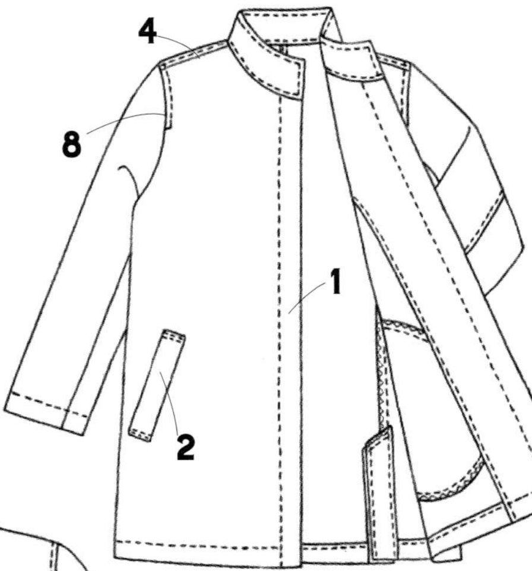

● **필요한 패턴【B면】**
오른쪽 앞판, 오른쪽 앞 안단, 왼쪽 앞판, 왼쪽 앞 안단, 뒤판, 칼라, 겉소매, 안소매, 입술감, 주머닛감

● **재료**
겉감(오카다야 원단) 폭 120cm×2m 60cm
배색 천 70×40cm
접착심 폭 90cm×1m 80cm
오픈 지퍼 60cm 1개

● **재단**
오른쪽 앞판·오른쪽 앞 안단·왼쪽 앞판·왼쪽 앞 안단 각 1장, 뒤판·칼라·겉소매·안소매·입술감 각 2장, 주머닛감 4장.
재단 배치도를 참조해서 접착심을 붙인다.

● **만드는 방법**
1 앞판, 앞단의 플라이 프론트 트임을 박는다.
 →P.52〈플라이 프론트 트임 : 오픈 지퍼〉
2 앞판에 주머니를 단다. ※ 그림 참조
3 뒤 중심을 박는다. 시접을 처리하고 오른쪽 몸판 쪽으로 넘겨 스티치한다.
4 앞·뒤 어깨를 합봉한다. 시접을 처리하고 뒤판 쪽으로 넘겨 스티치한다. ※ 그림 참조
5 앞·뒤판을 겉끼리 맞대어 옆선을 박고, 벤트를 박는다. (P.47의 **3** 참조)
6 몸판 밑단에 스티치한다.
7 칼라를 만들고 몸판 목둘레에 단다. ※ 그림 참조
8 소매를 만들어 몸판 진동 둘레에 달고 스티치한다. ※ 그림 참조 (P.47의 **8** 참조)

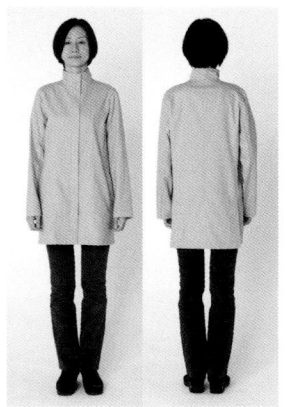
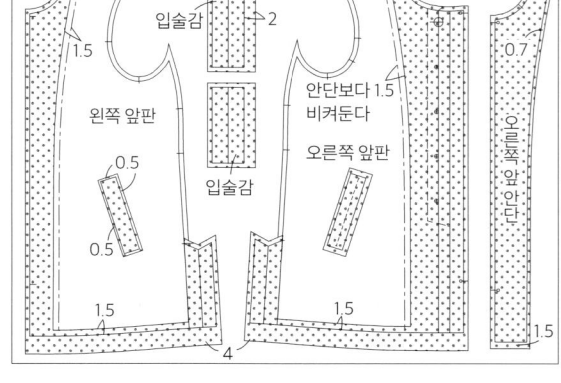

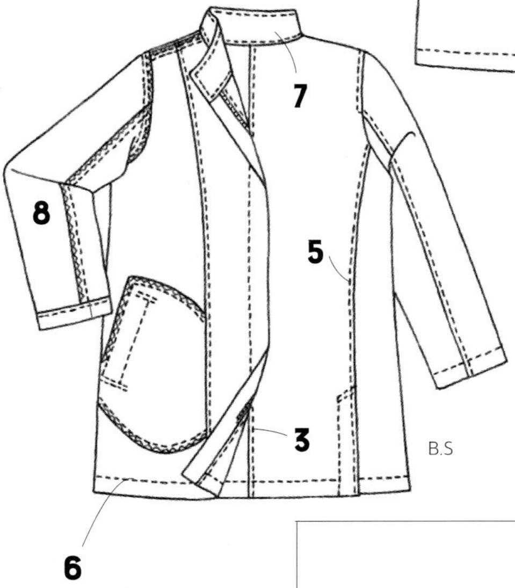

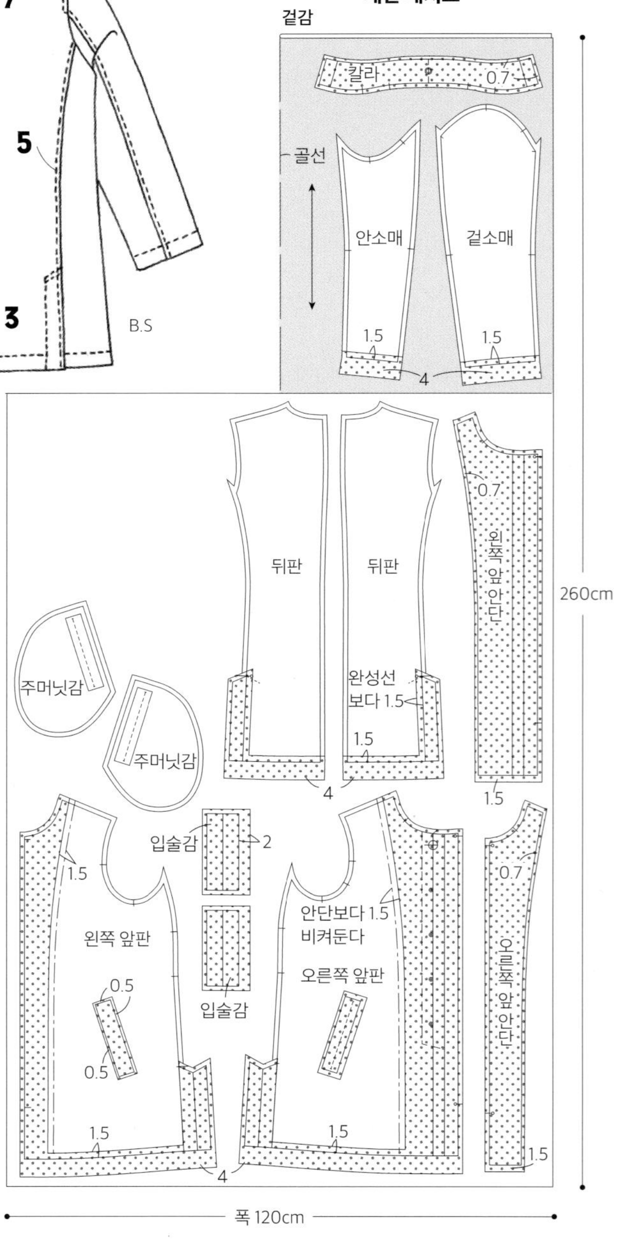

* 지정 이외의 시접은 1cm
 안면에 접착심을 붙이는 위치

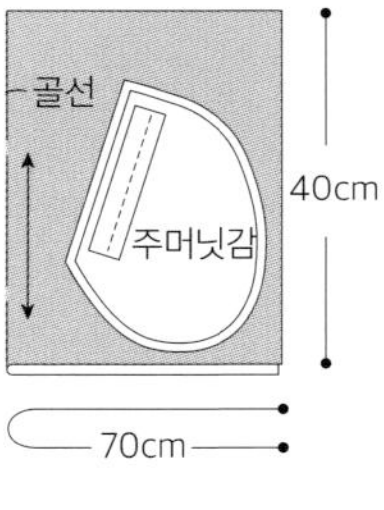

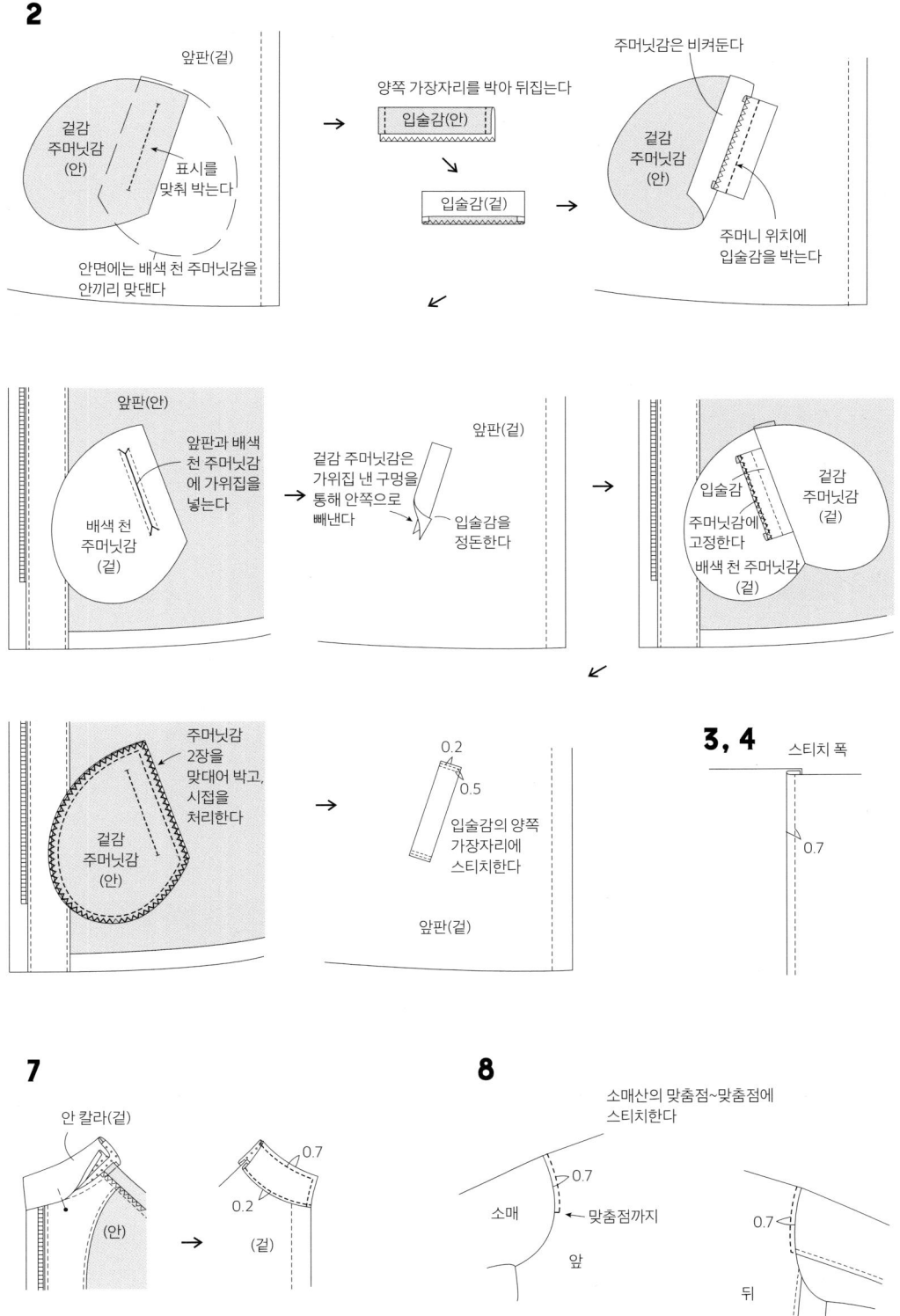

플라이 프런트 트임 : 오픈 지퍼

지퍼를 닫았을 때 겉쪽에서 보이지 않게 만드는 트임. 겉자락 가장자리를 접어 겹쳐서 지퍼를 단 '생략 플라이 프런트'이다.
안자락의 밑 덧단을 따로 재단하지 않고 안단에 이어서 재단하는 방법을 예로 들어 설명한다.

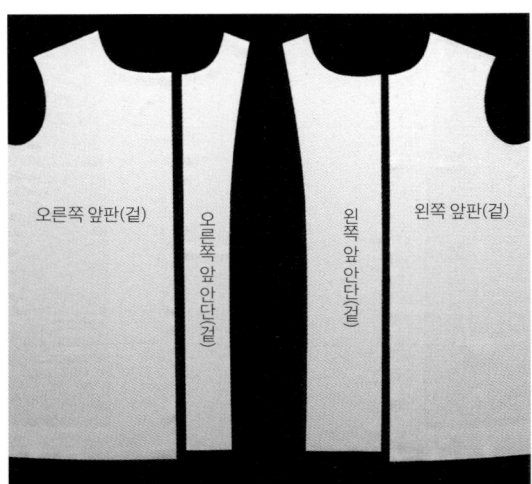

재단. 좌우 패턴이 다르므로 주의한다.

 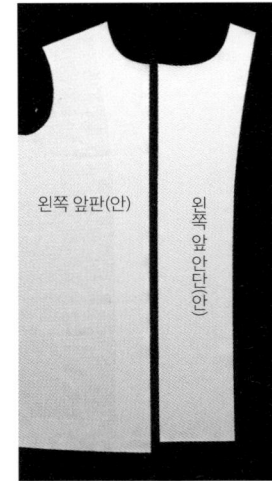

1 앞판과 앞 안단의 안면에 접착심을 붙인다.

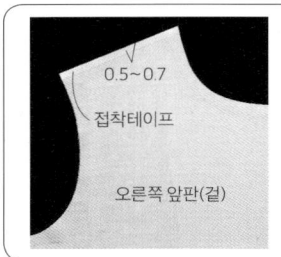

앞판 어깨 겉면의 시접 안쪽에 늘어남 방지 접착테이프를 붙인다. 안감을 달지 않는 경우, 접착테이프를 가려지는 부분에 붙인다. 시접은 2장을 한꺼번에 처리해서 뒤쪽으로 넘긴다.

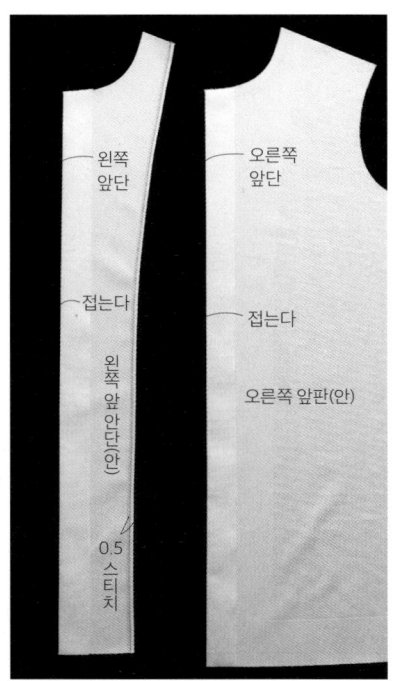

2 오른쪽 앞판과 왼쪽 앞 안단의 앞단을 완성선을 따라 접는다. 안단 가장자리를 처리한 다음, 한 번 접어 스티치한다.

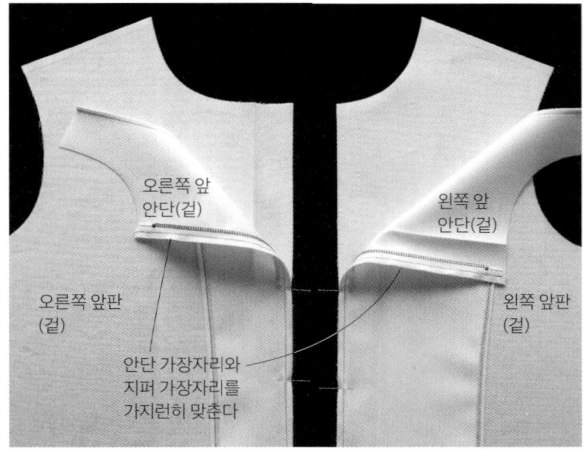

3 앞 안단 겉면에 좌우 각각 오픈 지퍼를 임시 고정하고, 앞판과 겉끼리 맞대어 시침핀으로 고정한다.

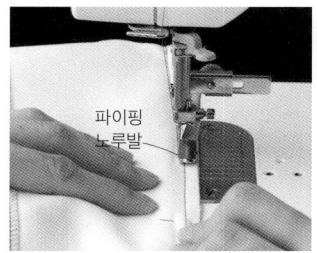

4 노루발을 파이핑 노루발로 교체해서 봉제한 다음, 지퍼를 단다.

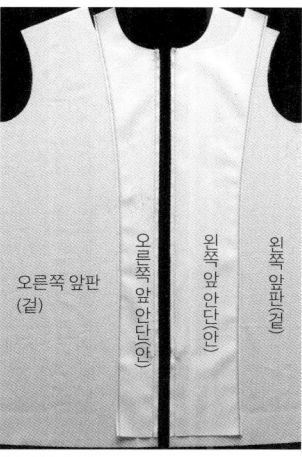

봉제한 모습.

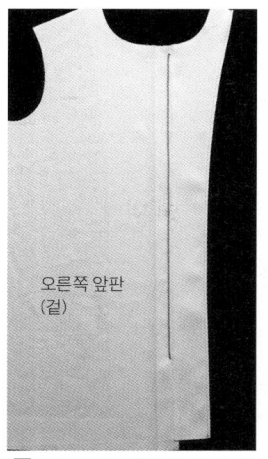

5 (오른쪽) 시접을 안단 쪽으로 넘긴다.

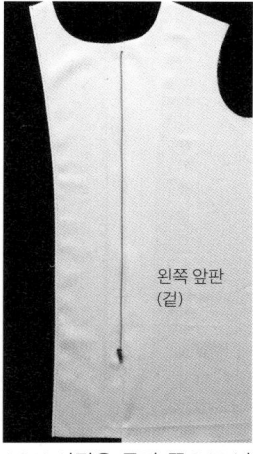

(왼쪽) 시접을 몸판 쪽으로 넘긴다.

6 좌우 각각 앞단에서 겉끼리 맞댄 다음, 안단 밑단을 박는다.

7 겉으로 뒤집은 다음, 다림질해 정돈한다.

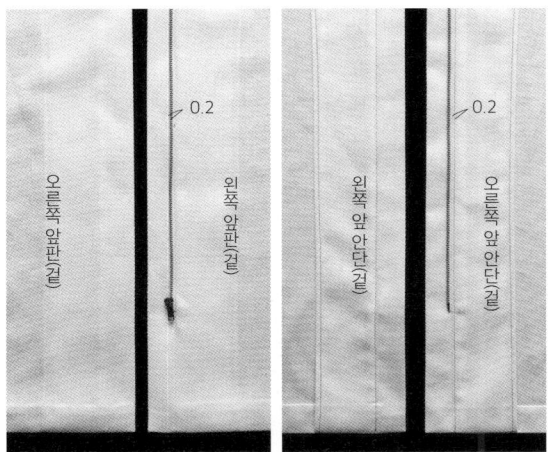

8 지퍼 가장자리에 스티치를 한 다음, 몸판과 안단을 봉제해 고정한다.

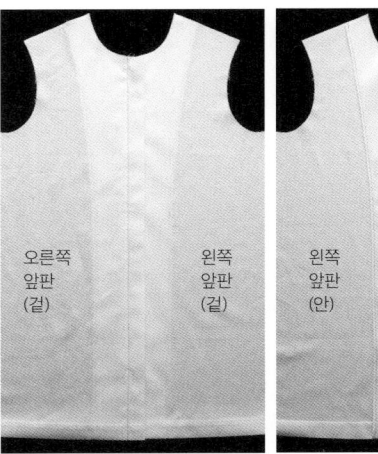

9 플라이 프런트 트임 완성.

no. 9–10 A라인 원피스 →page14, 15

● 필요한 패턴【C면】

앞판, 뒤판(앞·뒤판은, 목둘레 쪽과 밑단 쪽을 맞댄다)

● 재료

겉감 폭 110cm×2m 70cm
지퍼 56cm 1개
스프링 훅 1쌍

● 재단

앞판·목둘레 바이어스감 각 1장, 뒤판·진동 둘레 바이어스감 각 2장. 목둘레, 진동 둘레, 지퍼 위치에 늘어남 방지 접착테이프를 붙인다.

● 만드는 방법

1 뒤 중심의 트임을 박는다.
 →P.56 〈여밈 지퍼 트임〉
2 앞·뒤 어깨를 겉끼리 맞대어 합봉한다. 시접을 처리하고 뒤판 쪽으로 넘긴다.
3 목둘레와 진동 둘레를 바이어스감으로 처리한다. ※ 그림 참조
4 앞·뒤판의 옆선을 합봉한 다음, 시접을 처리하고 뒤판 쪽으로 넘긴다. ※ 그림 참조
5 밑단을 두 번 접어 스티치한다. ※ 그림 참조
6 스프링 훅을 단다. (P.57 참조)

no.9

B.S

no.10

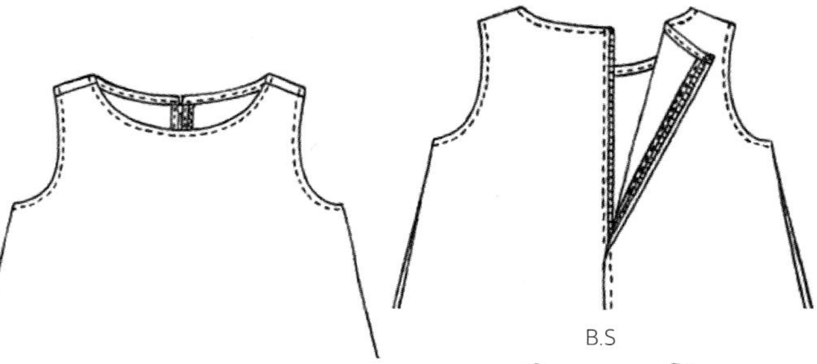

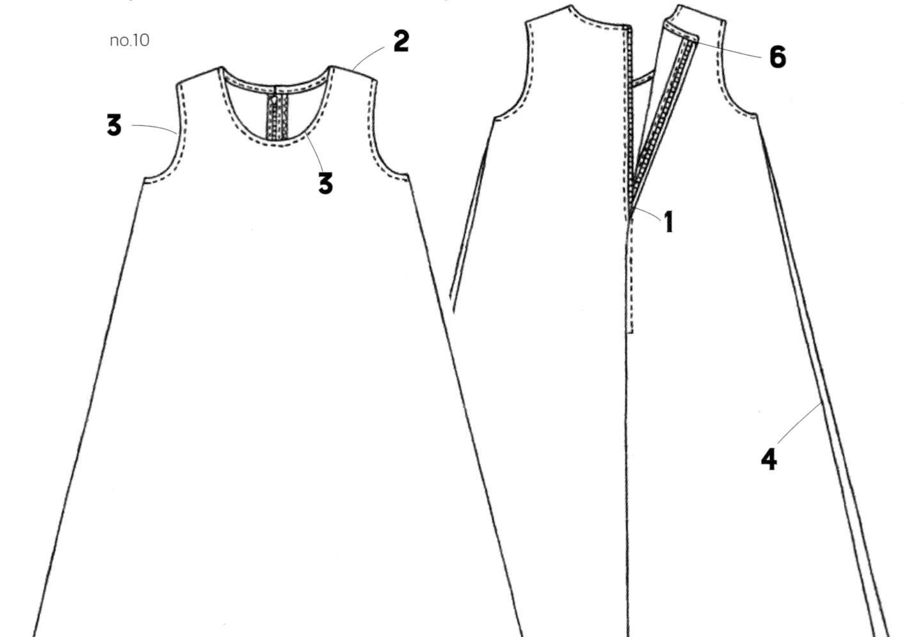

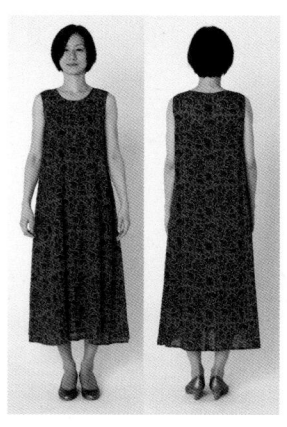

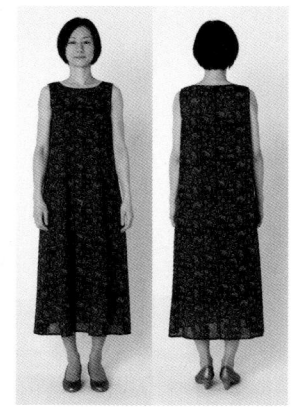

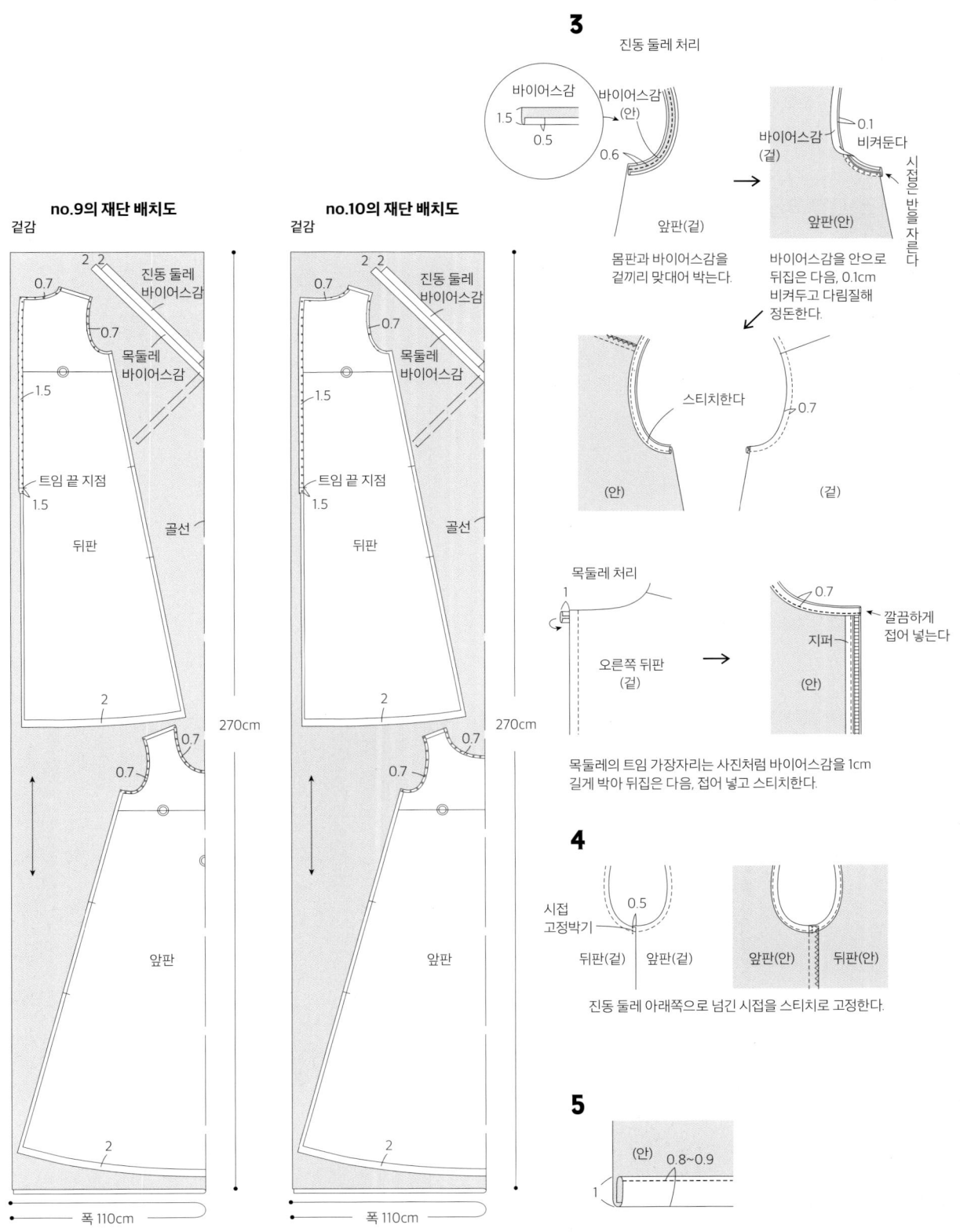

여밈 지퍼 트임

좌우를 겹쳐서 지퍼를 가리는 트임. 겉면에는 지퍼를 고정하는 스티치가 보인다.
평평한 지퍼가 적합하다.

1 지퍼가 달릴 트임 부분 안면에 늘어남 방지 접착테이프를 붙이고, 시접을 처리한다.

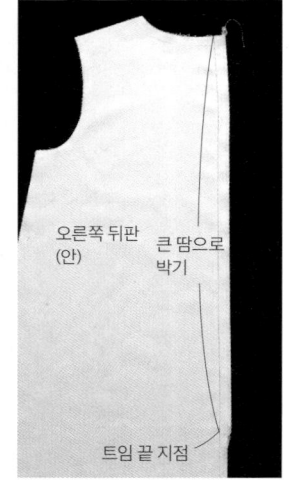

2 좌우를 겉끼리 맞댄 다음, 트임 부분은 큰 땀으로 박는다. 트임 끝 지점의 아래쪽은 일반적인 방법으로 합봉한다.

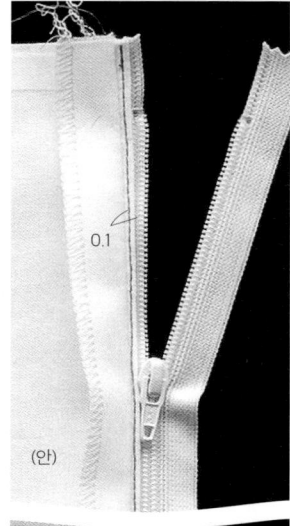

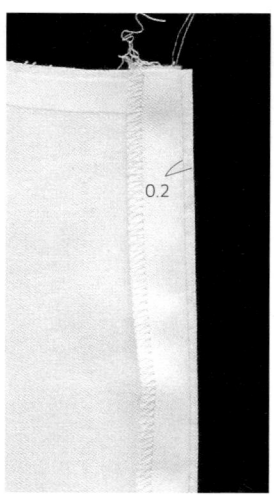

3 시접을 벌린다.

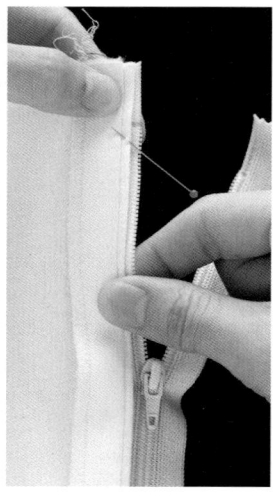

4 아래쪽이 될 왼쪽 시접을 0.2cm 내서 접는다.

5 지퍼에 시침핀으로 고정한다.

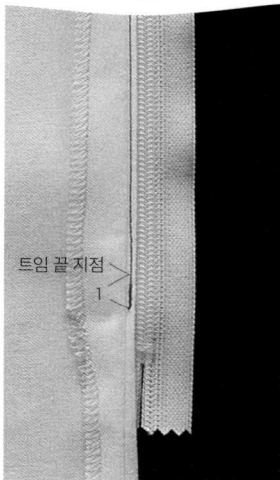

6 재봉틀로 박는다.

7 윗부분에 큰 땀으로 박았던 실을 5cm 정도 뜯어낸 다음, 완성된 상태로 놓고 몸판을 벌린다.

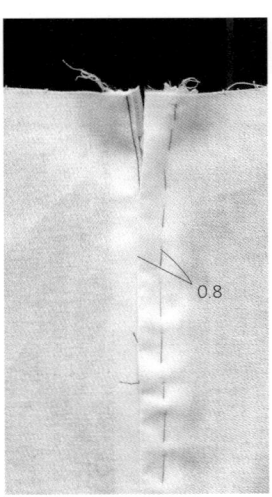

8 스티치할 위치에서 약간 떨어진 곳에 시침질을 한다.

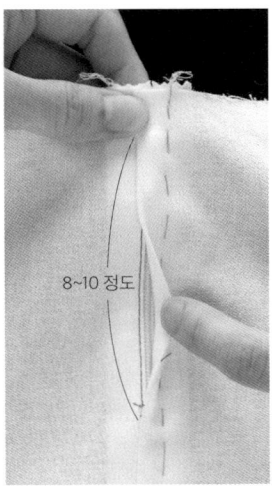

9 큰 땀으로 박았던 실을 슬라이더가 이동할 수 있을 정도만큼만 다시 뜯어낸다.

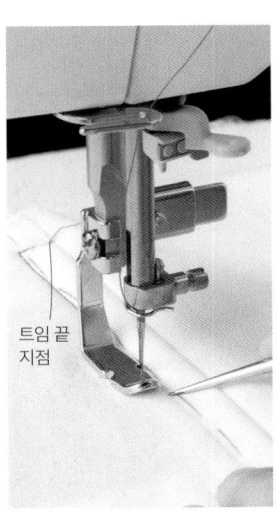

10 노루발을 파이핑 노루발로 교체하고 지퍼를 봉제해 단다.

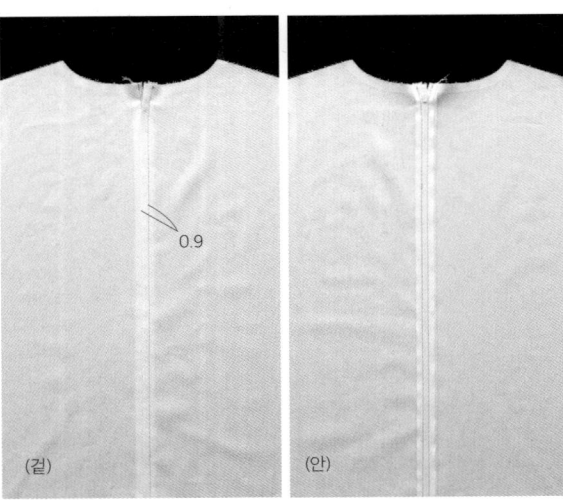

11 여밈 지퍼 트임 완성.

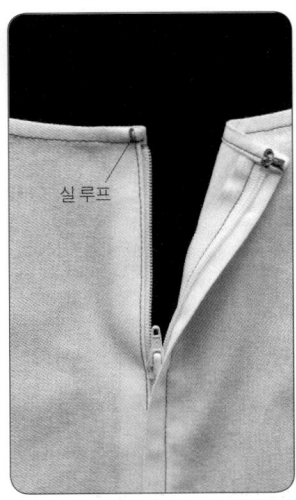

목둘레를 바이어스감으로 처리한다. 그 다음 상단 안쪽에 스프링 훅을 달고 하단 겉쪽에 훅을 걸 실루프를 만든다. →P.72, 81

no. 11-12 A라인 원피스 → page16, 17

● **필요한 패턴 [C면]**
앞판, 뒤판, 앞 목둘레 안단, 뒤 목둘레 안단(앞·뒤판은, 목둘레 쪽과 밑단 쪽을 맞댄다)

● **재료**
겉감(오카다야 원단) 폭 148cm×2m 10cm
배색 천 폭 90cm×40cm
접착심 40×30cm
접착테이프 폭 1.2cm 적당량
지퍼 60cm 1개
스프링 훅 1쌍

● **재단**
앞판·앞 목둘레 안단 각 1장, 뒤판·뒤 목둘레 안단·진동 둘레 바이어스감 각 2장.
재단 배치도를 참조해서 접착심을 붙인다.
목둘레, 진동 둘레, 지퍼 위치에 늘어남 방지 접착테이프를 붙인다.
※ 앞·뒤판의 어깨·옆선·밑단·뒤 중심의 시접을 처리해둔다.

● **만드는 방법**
1 뒤 중심의 트임을 박는다.
 →P.60 〈콘솔 지퍼 트임〉
2 앞·뒤 어깨를 겉끼리 맞대어 합봉하고, 시접은 가른다.
3 목둘레를 안단으로 처리한다. ※ 그림 참조
4 앞·뒤 옆선을 겉끼리 맞대어 합봉하고, 시접을 가른다. ※ 그림 참조
5 진동 둘레를 바이어스감으로 처리한다. ※ 그림 참조
6 밑단을 감침질한다.
7 스프링 훅을 단다. (P.61 참조)

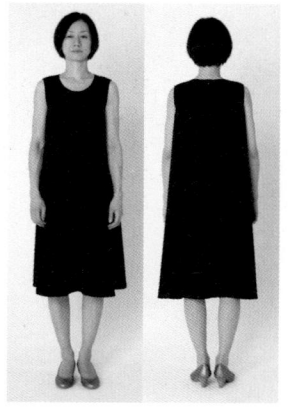
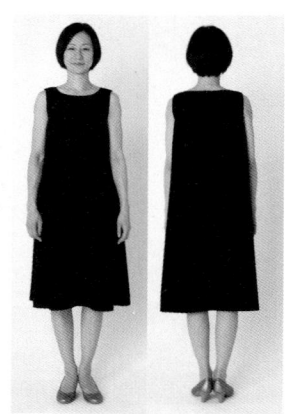

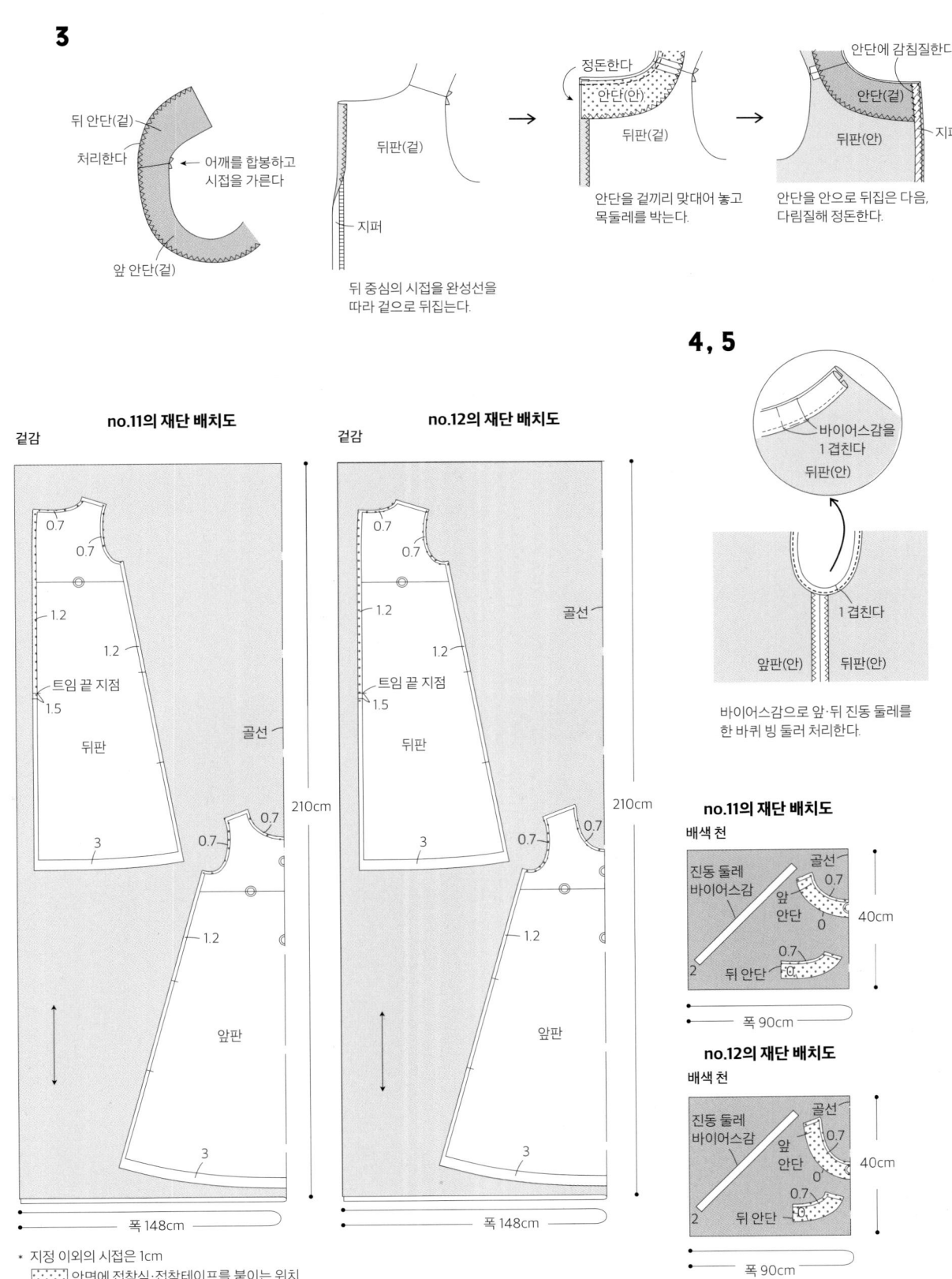

콘솔 지퍼 트임

솔기선 위에 다는 지퍼 트임. 콘솔 지퍼는 지퍼와 스티치가 모두 보이지 않는 트임이기 때문에 트임 부분을 눈에 띄지 않게 할 경우에 사용한다.

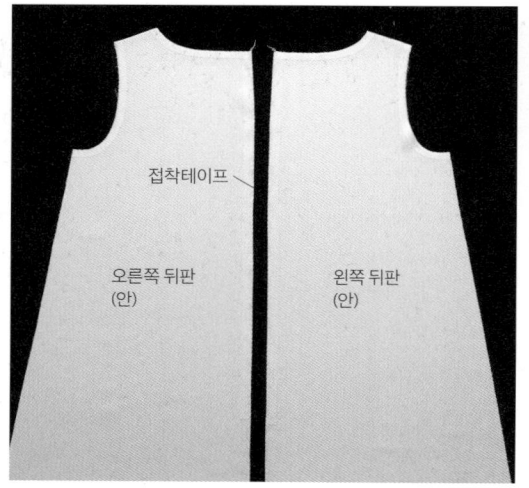

1 지퍼가 달릴 트임 부분 안면에 늘어남 방지 접착테이프를 붙이고, 시접을 처리한다.

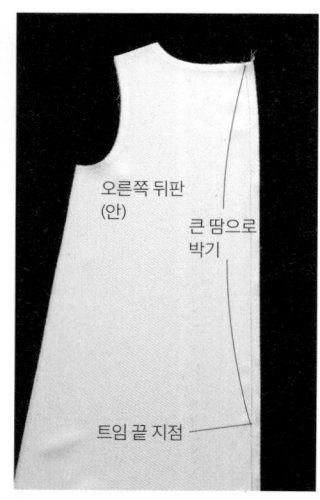

2 좌우를 겉끼리 맞댄 다음, 트임 부분은 큰 땀으로 박는다. 트임 끝 지점의 아래쪽은 일반적인 방법으로 합봉한다.

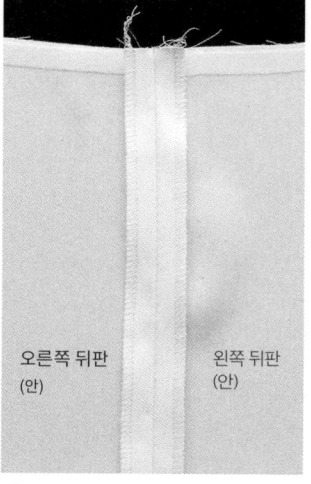

3 시접을 다리미로 가른다.

4 바늘땀과 콘솔 지퍼의 중심을 맞대어 놓고, 한쪽씩 시접에 시침질로 고정한다.

5 시접에 지퍼를 시침질로 고정한 모습.

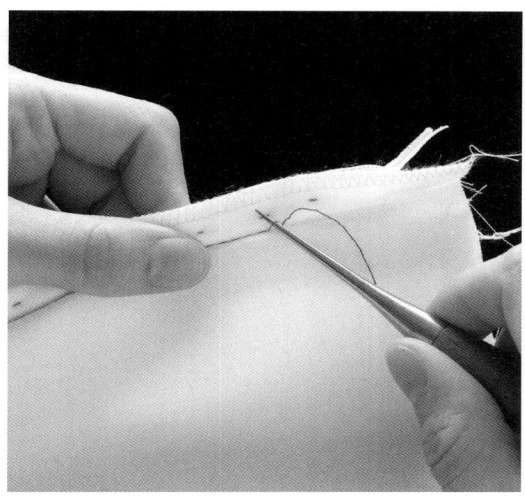

6 트임 부분에 큰 땀으로 박았던 실을 뜯어낸다.

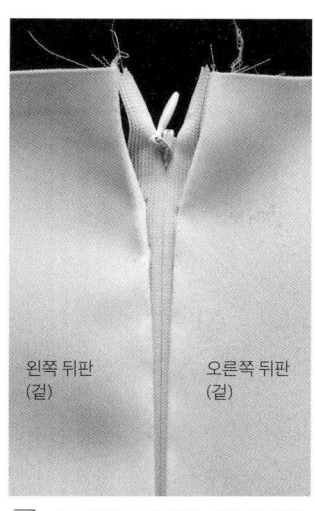

7 큰 땀으로 박았던 실을 뜯어낸 모습.

왼쪽 뒤판 (겉)   오른쪽 뒤판 (겉)

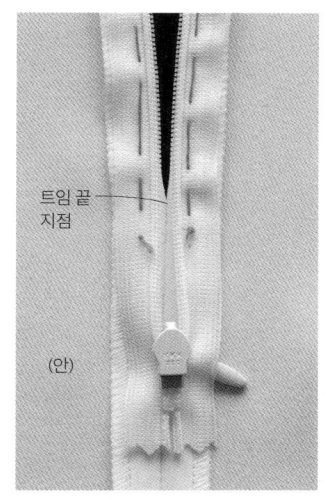

8 슬라이더를 안으로 끌어낸 다음, 맨 아래쪽까지 내려둔다.

트임 끝 지점
(안)

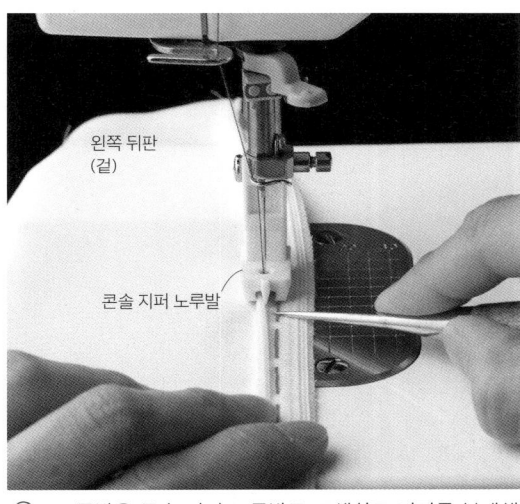

9 노루발을 콘솔 지퍼 노루발로 교체하고 지퍼를 봉제해 단다.

왼쪽 뒤판 (겉)
콘솔 지퍼 노루발

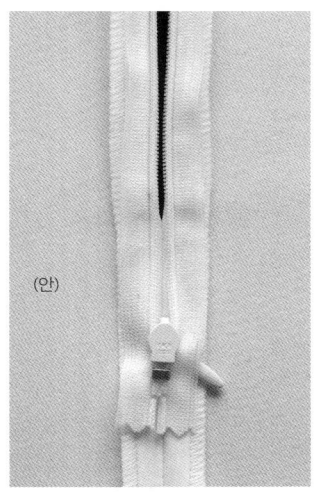

10 슬라이더를 겉으로 끌어낸 다음, 막음쇠를 트임 끝 지점 위치로 이동시켜놓고 펜치로 조인다.

(안)
트임 끝 지점까지 이동시켜서 조인다

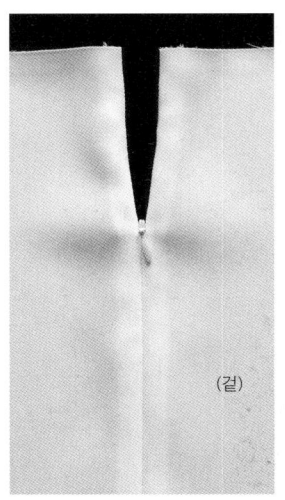

11 솔기선 위에 지퍼가 달려 있어서 겉쪽에서는 지퍼가 보이지 않는다.

(겉)

12 콘솔 지퍼 트임 완성 (겉).

(안)

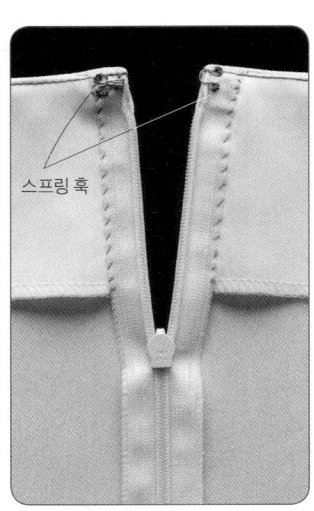

목둘레를 안단으로 박아 뒤집은 다음, 스프링 훅을 단다. →P.72

스프링 훅

no. 13 스퀘어 판초 → page18

● **필요한 패턴 [C면]**
앞·뒤 안단

● **재료**
겉감 폭 150cm×1m 50cm
배색 천(스웨이드풍 인조가죽) 30×50cm
접착테이프 폭 1.2cm 적당량
단추 지름 2cm 3개

● **재단**
몸판, 앞·뒤 안단 각 1장.
※ 앞·뒤판은 패턴을 사용하지 않고 직접 재단한다.

● **만드는 방법**
1 몸판 둘레에 시침박기를 2줄 한 다음 (마지막에 술 장식으로 사용하기 위해), 바이어스 위치에 트임을 만든다. ※ 그림 참조
→P.63 〈슬래시 트임 : 겉 안단〉
2 트임에 실 루프 단춧구멍을 만들고 단추를 단다. →P.80
3 몸판 둘레의 날실과 씨실을 시침박기 한 위치까지 뽑아서 술 장식을 만든다.

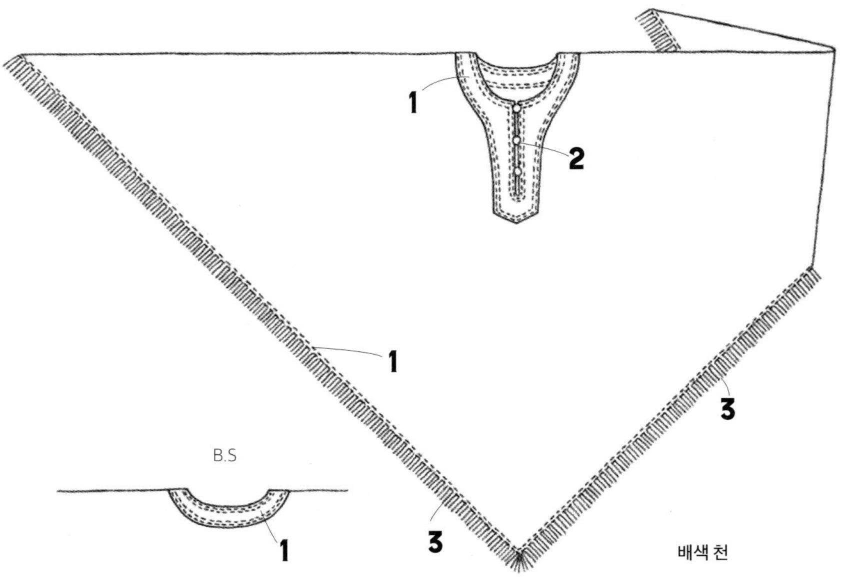

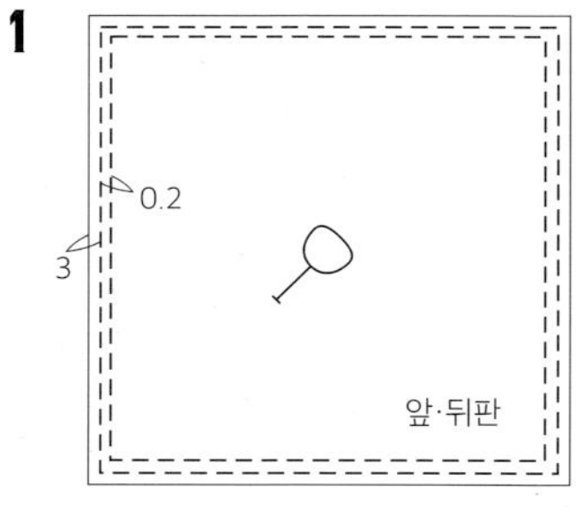

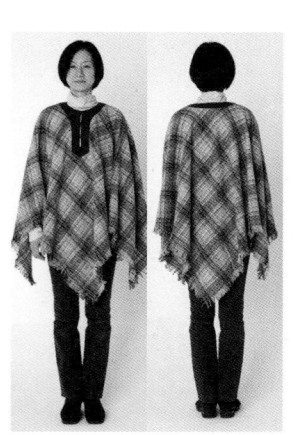

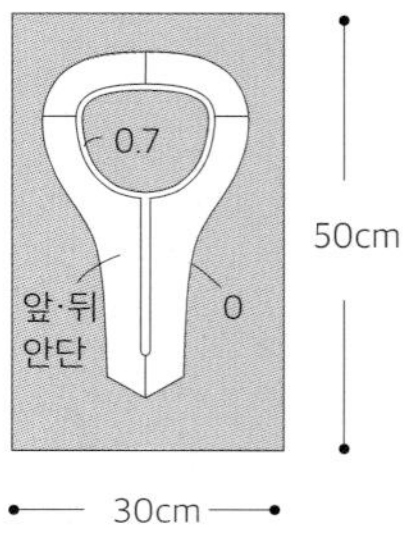

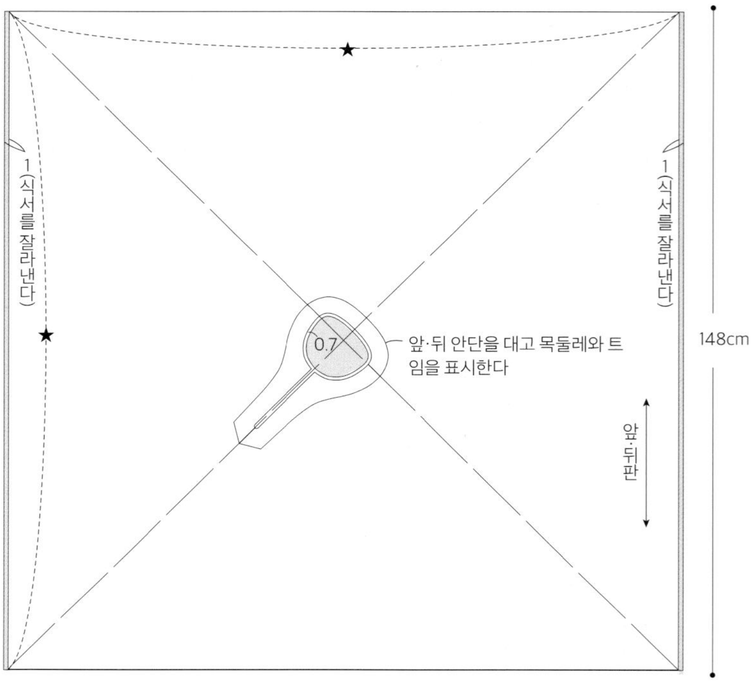

슬래시 트임 : 겉 안단

안단을 대고 가위집을 넣은 다음, 봉제해 뒤집는 트임.
여기에서는 안단에 배색 천을 사용해서 겉쪽으로 뒤집는 방법을 예로 들어 설명한다.

1 겉면에 늘어남 방지 접착테이프를 붙인다.

(안)

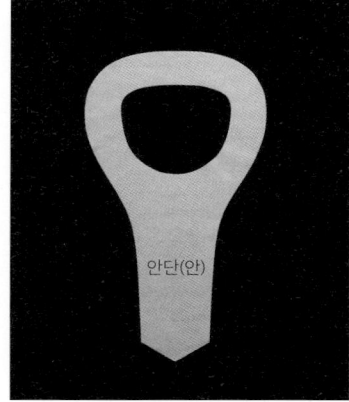

2 배색 천으로 재단한 안단.

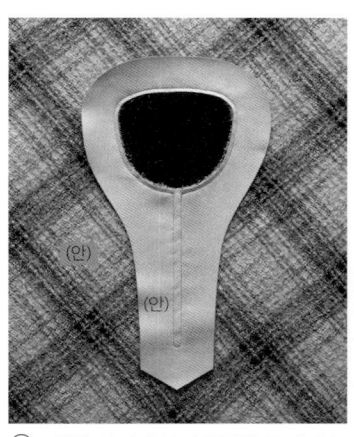

3 겉감 안면에 안단 겉면을 맞대어 놓고 목둘레와 트임을 박는다.

4 트임 끝 지점 근처까지 깊게 가위집을 넣는다. 실을 자르지 않도록 주의한다.

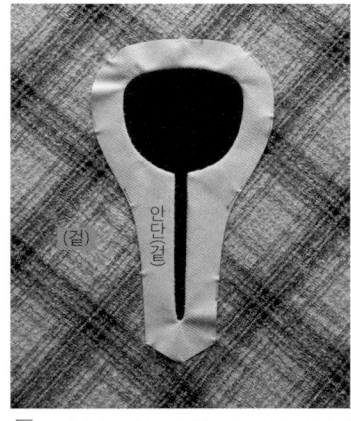

5 안단을 겉으로 뒤집은 다음, 시침핀으로 고정한다.

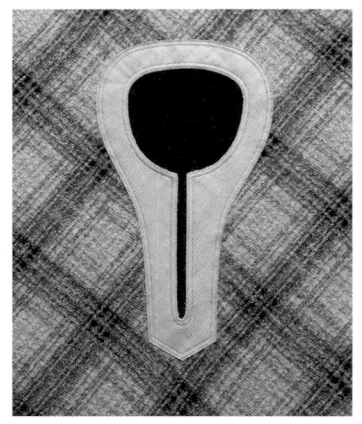

6 스티치한다. 슬래시 트임 완성.

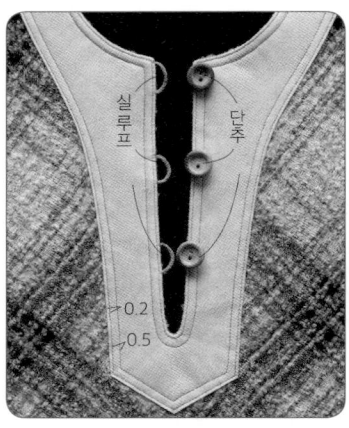

실 루프로 단춧구멍을 만들고 단추를 단다. →P.80

no. 14 스퀘어 판초 →page19

● **필요한 패턴 [C면]**
앞·뒤 안단

● **재료**
겉감 폭 150cm×1m 80cm
접착심 50×40cm
접착테이프 폭 1.2cm 적당량
토글 단추 1.5×4cm 3쌍

● **재단**
몸판·트임 안단 각 1장.
재단 배치도를 참조해서 접착심을 붙인다.
※ 앞·뒤판은 패턴을 사용하지 않고 직접
재단한다.

● **만드는 방법**
1 앞·뒤판 둘레에 시침박기를 2줄 한 다음
 (마지막에 술 장식으로 사용하기 위해),
 트임을 만든다. ※ 사진 참조
 →P.65 〈슬래시 트임 : 안단〉
2 트임에 실 루프와 토글을 봉제해 고정한다.
3 몸판 둘레의 날실과 씨실을 시침박기한
 위치까지 뽑아서 술 장식을 만든다.

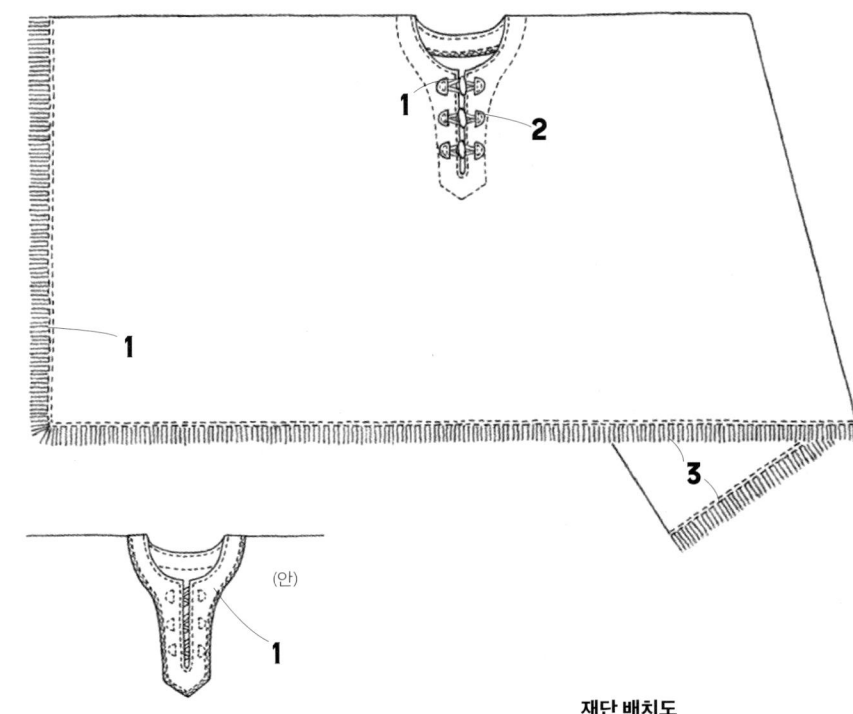

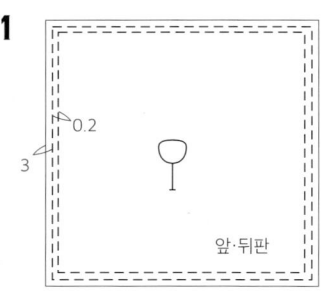

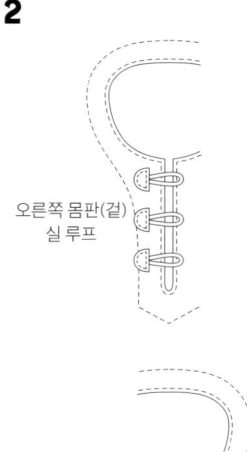

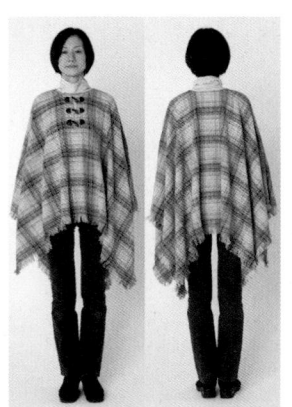

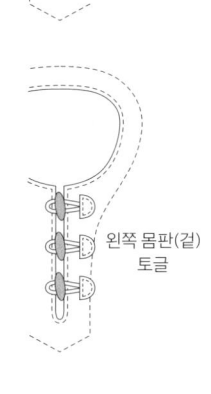

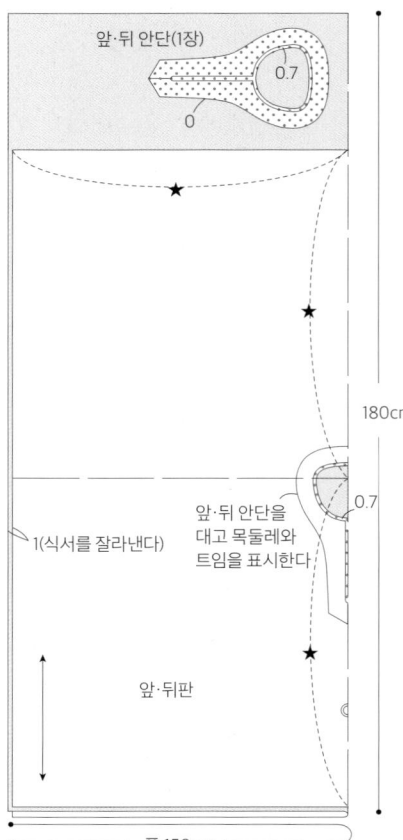

* 지정 이외의 시접은 1cm
  안면에 접착심·접착테이프를 붙이는 위치

슬래시 트임 : 안단

안단을 대고 가위집을 넣은 다음, 봉제해 뒤집는 트임. '슬래시 오프닝(slash opening)'이라고도 부른다.
여기에서는 겉감과 동일한 원단의 안단을 예로 들어 설명한다.

재단.

1 안면에 늘어남 방지 접착테이프를 붙인다.

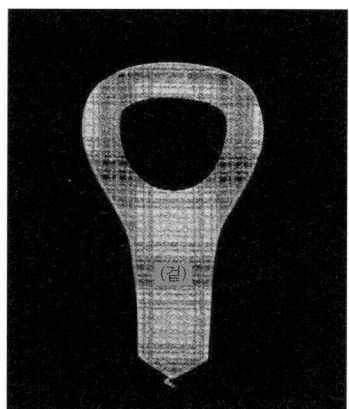

2 안단. 안면에 접착심을 붙이고 둘레를 처리한다.

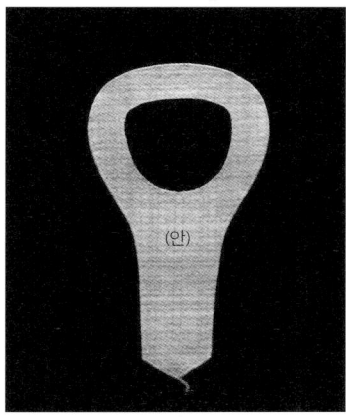

(안)

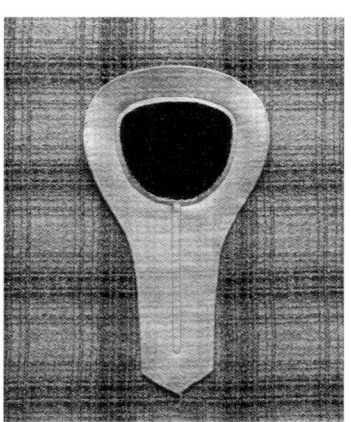

3 몸판과 안단을 겉끼리 맞대어 놓고 목둘레와 트임을 박는다.

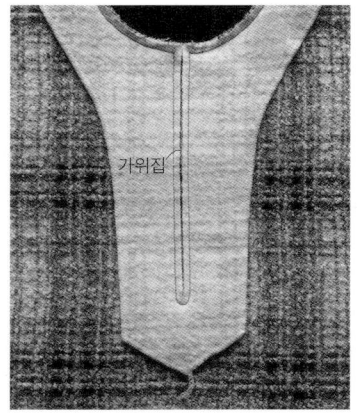

4 트임 끝 지점 근처까지 깊게 가위집을 넣는다. 실을 자르지 않도록 주의한다.

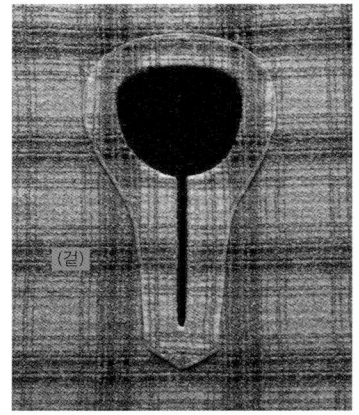

5 안단을 안으로 뒤집고 시침핀으로 고정한다.

6 스티치한다. 슬래시 트임 완성.

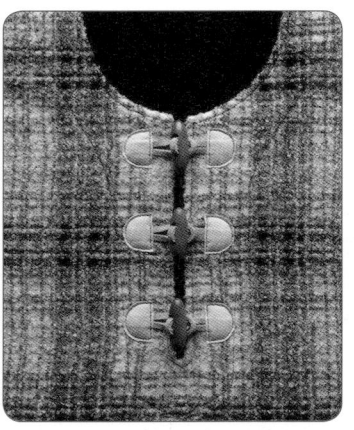

실 루프와 토글을 봉제해 고정한다.

no. 15 후드 판초 →page20

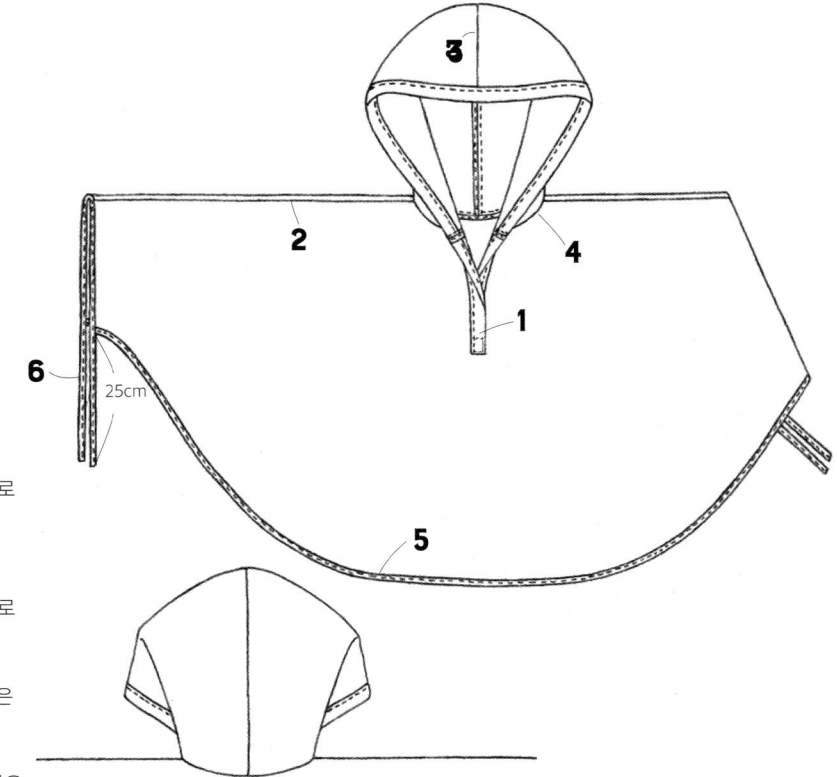

- **● 필요한 패턴 [C면]**
  앞·뒤판, 덧단, 후드, 후드 덧단감
- **● 재료**
  겉감(오카다야 원단) 폭 115cm×3m
  배색 천 폭 110cm×20cm
  바이어스테이프(양쪽 시접이 접힌 타입)
  폭 0.5cm×4m 20cm
- **● 재단**
  겉 몸판·뒤판·후드 덧단감 각 1장. 덧단·후드 각 2장.
- **● 만드는 방법**
  1 앞판에 트임을 만든다.
    →P.67 〈덧단 트임〉
  2 앞·뒤 어깨를 겉끼리 맞대어 박는다. 시접을
    바이어스테이프로 감싸서 봉제한 다음(파이핑으로
    처리), 뒤쪽으로 넘긴다.
  3 후드를 만든다. ※ 그림 참조
    좌우의 후드를 겉끼리 맞대어 박는다. 시접을
    바이어스테이프로 감싸서 봉제한 다음(파이핑으로
    처리), 오른쪽으로 넘기고 덧단감을 단다.
  4 몸판 목둘레에 후드를 달고, 시접을 파이핑으로
    처리한다. 시접은 몸판 쪽으로 넘기고, 앞단 부분은
    스티치로 고정한다. ※ 그림 참조
  5 몸판 밑단을 파이핑한다.
  6 소맷부리를 파이핑한 다음, 파이핑 가장자리는 남은
    파이핑으로 리본을 묶어준다.

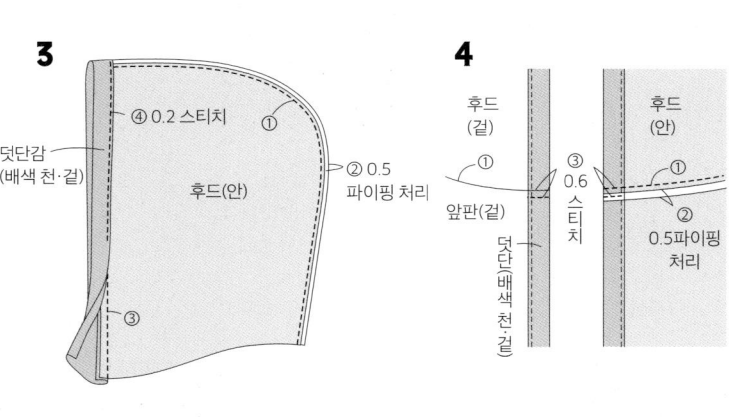

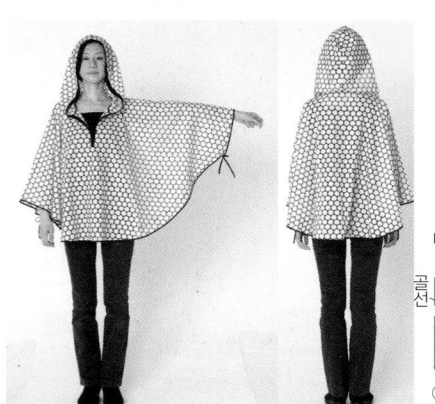

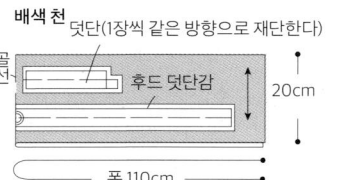

재단 배치도

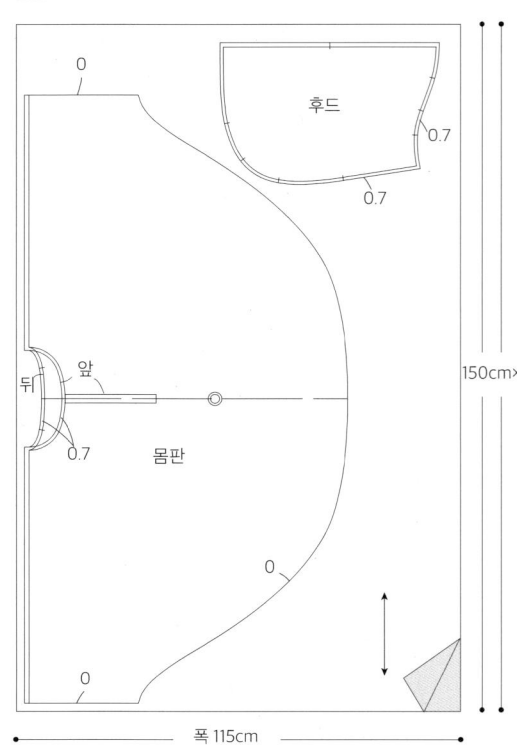

※ 지정 이외의 시접은 1cm

덧단 트임

가위집을 넣고 덧단감을 단 트임으로, 소맷부리에 사용하는 덧단 트임과 동일하다.
여기에서는 안쪽도 겉쪽과 마찬가지로 접어 넣어 처리하는 방법을 예로 들어 설명한다.
(소맷부리의 덧단 트임은 P. 31)

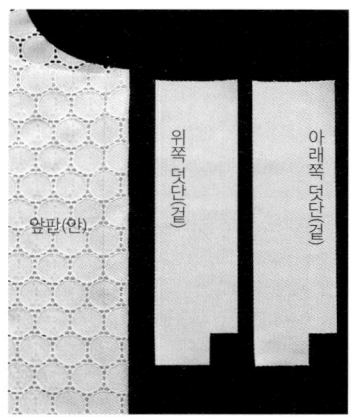

재단. 덧단 2장은 같은 형태이므로 재단할 때 주의한다.

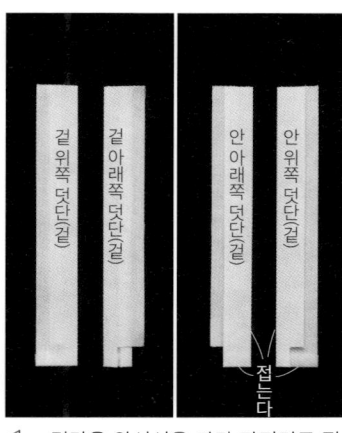

1 덧단을 완성선을 따라 다리미로 접는다.

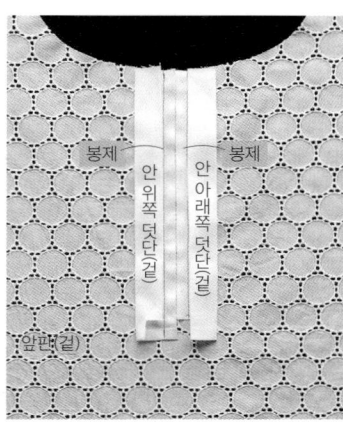

2 앞판에 덧단을 각각 겉끼리 맞대어 박는다.

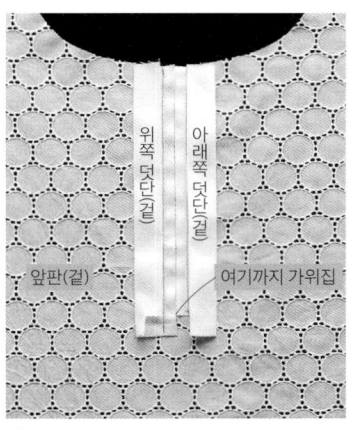

3 가위집을 넣는다.

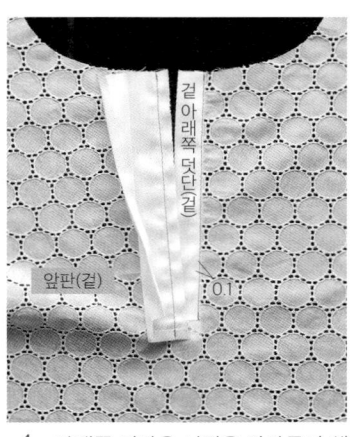

4 아래쪽 덧단을 시접을 감싸듯이 해서 안으로 뒤집고 스티치한다.

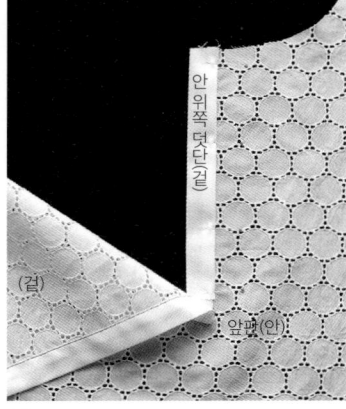

5 위쪽도 마찬가지로 시침핀으로 고정한 다음, 스티치한다.

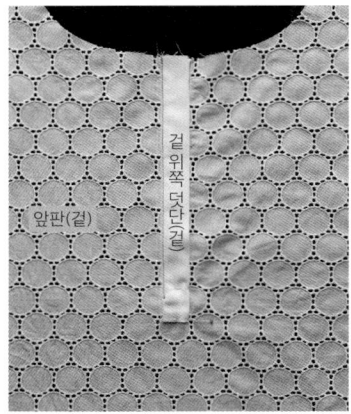

6 트임 끝 지점 부분을 맞추고 시침핀으로 고정한다.

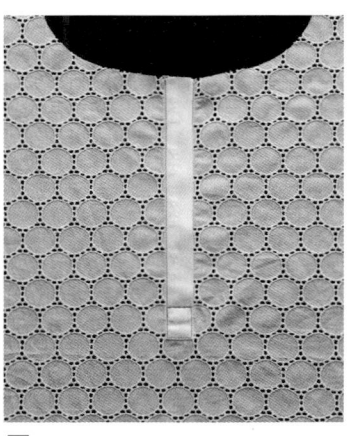

7 스티치를 하고 덧단 2장을 봉제해 고정한다. 덧단 트임 완성(겉).

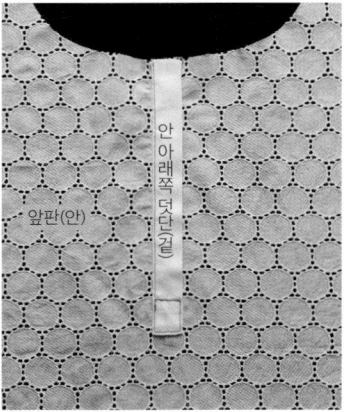

(안)

no. 16 턱 스커트 →page23

- **● 필요한 패턴 [D면]**
  앞 스커트, 뒤 스커트, 허리 장식천(앞·뒤 스커트는 허리 쪽과 밑단 쪽을 맞댄다)

- **● 재료**
  겉감 폭 150cm×1m 50cm
  접착테이프 폭 1.2cm 적당량
  콘솔 지퍼 22cm 1개
  스프링 훅 1쌍

- **● 재단**
  앞 스커트, 뒤 스커트, 허리 장식천 각 1장.
  앞·뒤 왼쪽 옆선의 지퍼 위치에 늘어남 방지 접착테이프를 붙인다.

- **● 만드는 방법**
  1. 앞·뒤 스커트의 옆선과 밑단을 처리하고, 밑단을 완성선을 따라 다리미로 접는다.
     ※그림 참조
  2. 앞·뒤 스커트의 왼쪽 옆선을 합봉하고, 콘솔 지퍼를 단다.
     →P.70 〈콘솔 지퍼 트임〉
  3. 오른쪽 옆선을 합봉하고, 시접을 가른다.
  4. 턱을 접고 재봉틀로 봉제해 고정한다. 홈질 혹은 큰 땀으로 박은 다음, 오그려가며 줄여서 허리 치수를 맞춘다. ※그림 참조
  5. 허리를 장식천으로 처리하고, 스프링 훅을 단다. →P.72
  6. 밑단을 감침질로 처리한다.

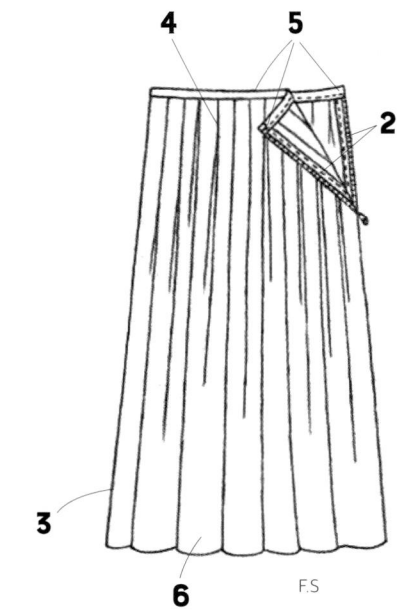

F.S

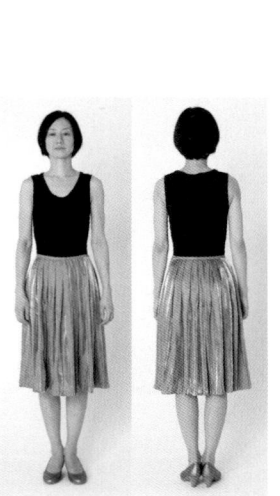

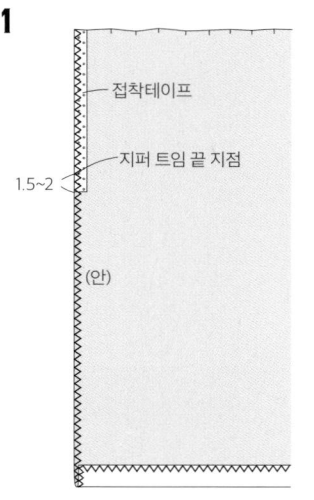

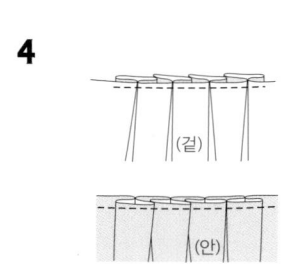

재단 배치도

겉감

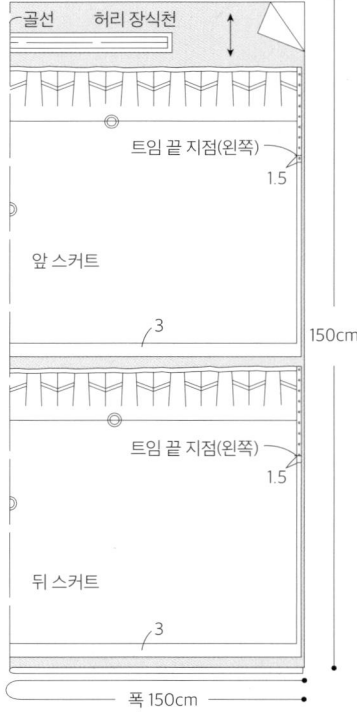

폭 150cm

* 지정 이외의 시접은 1cm
  안면에 접착테이프를 붙이는 위치

no. 17 턱 스커트 →page22,23

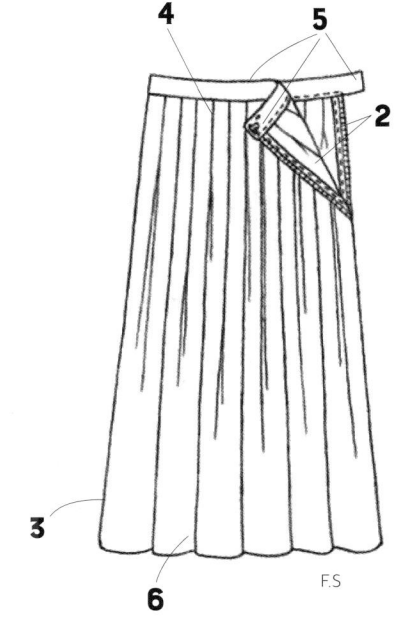

● **필요한 패턴【D면】**
앞 스커트, 뒤 스커트, 벨트감(앞·뒤 스커트는 허리 쪽과 밑단 쪽을 맞댄다)

● **재료**
겉감 폭 150cm×1m 50cm
접착테이프 폭 1.2cm 적당량
콘솔 지퍼 22cm 1개
벨트심지 폭 2.5cm 적당량
걸고리 단추(훅 앤드 아이) 1쌍
스냅 단추 1쌍

● **재단**
앞 스커트, 뒤 스커트, 허리 벨트감 각 1장.
앞·뒤 왼쪽 옆선의 지퍼 위치에 늘어남 방지 접착테이프를 붙인다.

● **만드는 방법**
1. 앞·뒤 스커트의 옆선과 밑단을 처리한 다음, 밑단을 완성선을 따라 다리미로 접는다.
2. 앞·뒤 스커트의 왼쪽 옆선을 합봉하고 콘솔 지퍼를 단다.
 →P.70〈콘솔 지퍼 트임〉
3. 오른쪽 옆선을 합봉하고 시접을 가른다.
4. 턱을 접고 재봉틀로 봉제해 고정한다. 홈질 혹은 큰 땀으로 박은 다음, 오그려가며 줄여서 허리 치수를 맞춘다. →P.68의 **4**
5. 허리에 벨트감을 달고, 걸고리 단추(훅 앤드 아이)와 스냅 단추를 단다.
 ※ 그림 참조→P.73
6. 밑단을 감침질로 처리한다.

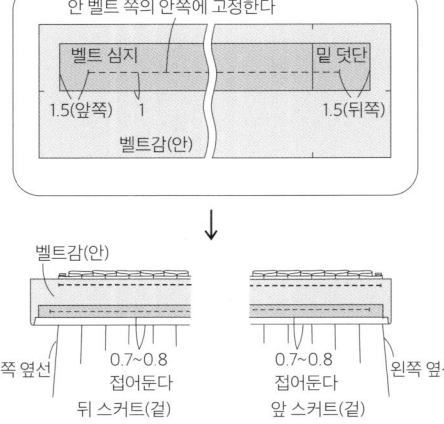

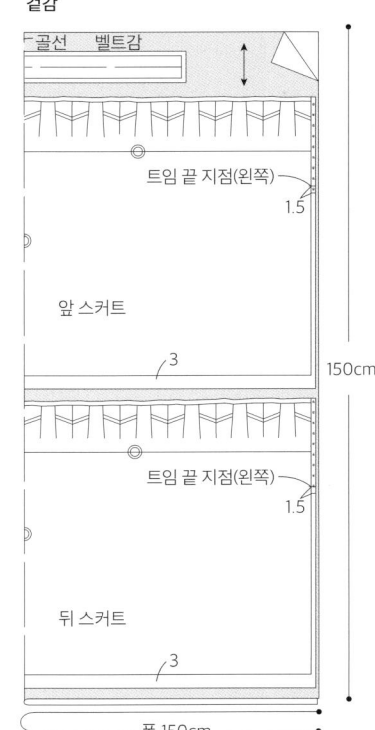

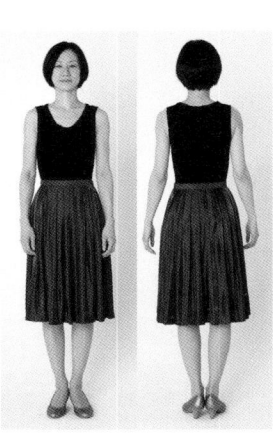

* 지정 이외의 시접은 1cm
 안면에 접착심·접착테이프를 붙이는 위치

콘솔 지퍼 트임

솔기선 위에 다는 지퍼 트임. 콘솔 지퍼는 지퍼와 스티치가 모두 보이지 않는 트임이다. 트임 부분을 눈에 보이지 않게 할 경우에 사용한다.

콘솔 지퍼 전용 노루발. 깔끔하게 바로 옆 부분을 봉제할 수 있다.
왼쪽 : 공업용(직업용)
오른쪽 : 가정용

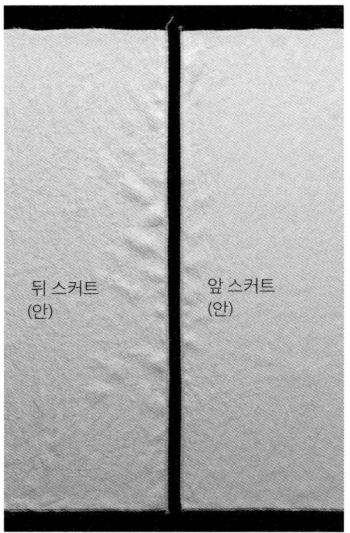

1 지퍼 부분의 안면에 늘어남 방지 접착테이프를 붙인 다음, 시접을 처리한다.

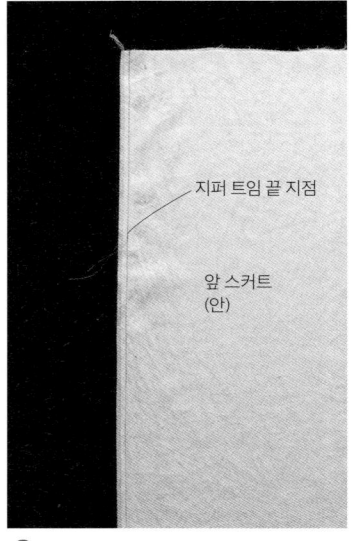

2 앞·뒤 스커트를 겉끼리 맞댄 다음, 트임 부분을 큰 땀으로 박는다. 트임 끝 지점의 아래쪽은 일반적인 방법으로 합봉한다.

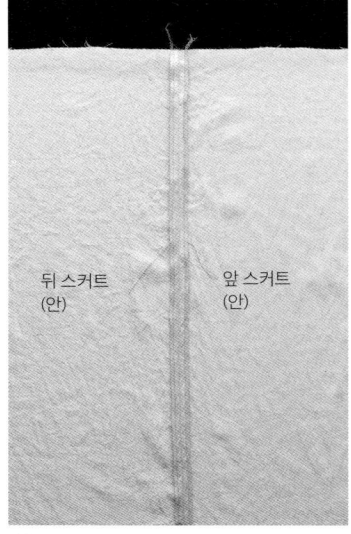

3 시접을 다리미로 가른다.

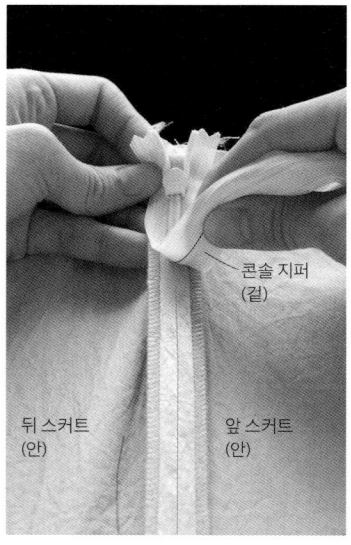

4 바늘땀과 콘솔 지퍼의 중심을 맞대어 놓고, 한쪽씩 시접에 시침질로 고정한다.

5 각각의 시접에 지퍼를 시침질로 고정한 모습.

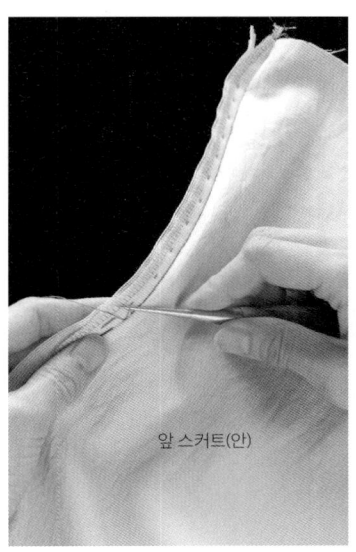

6 트임 부분에 큰 땀으로 박았던 실을 뜯어낸다.

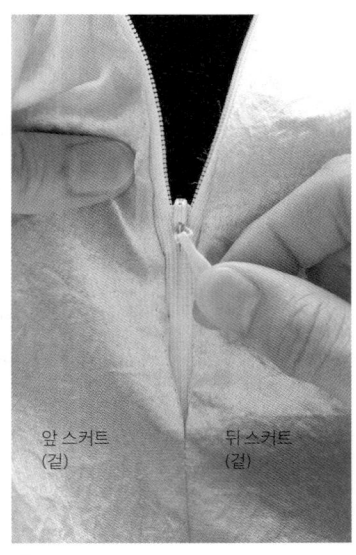

7 슬라이더를 안으로 끌어낸 다음, 맨 아래쪽까지 내려둔다.

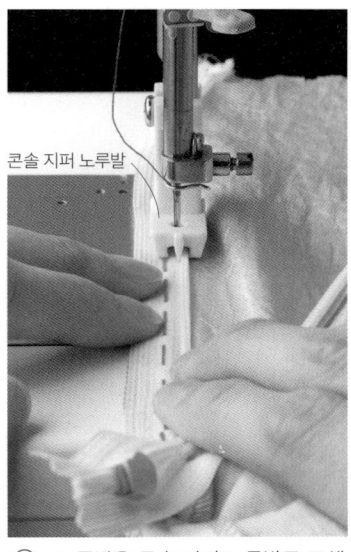

8 노루발을 콘솔 지퍼 노루발로 교체하고 지퍼를 봉제해 단다.

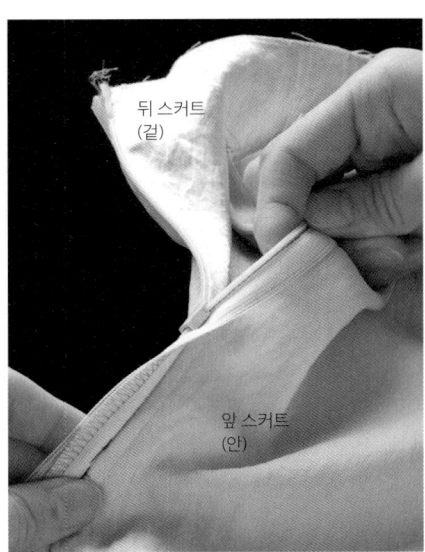

9 지퍼를 봉제해 단 모습.

10 슬라이더를 겉으로 끌어낸 다음, 막음쇠를 트임 끝 지점 위치로 이동시켜놓고 펜치로 조인다.

11 콘솔 지퍼 트임 완성(겉쪽에서는 슬라이더만 보인다).

스프링 훅 다는 방법

맞닿는 트임의 경우

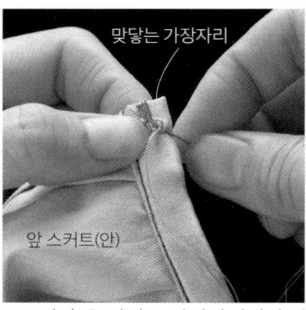 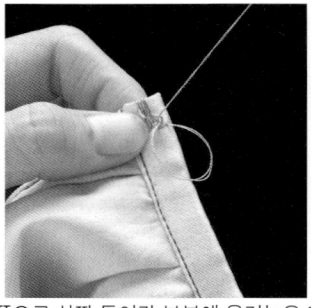  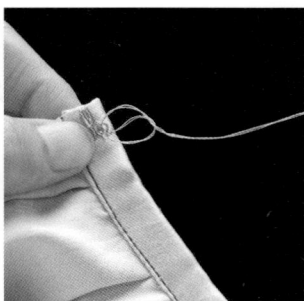

맞닿는 가장자리
앞 스커트(안)

스프링 훅은 맞닿는 가장자리에서 안쪽으로 살짝 들어간 부분에 올려놓은 다음,
실을 얽으며 고정해간다.

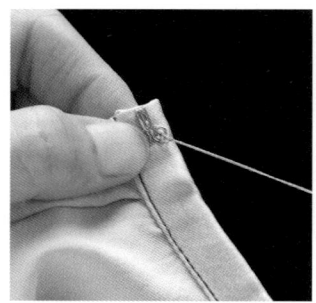  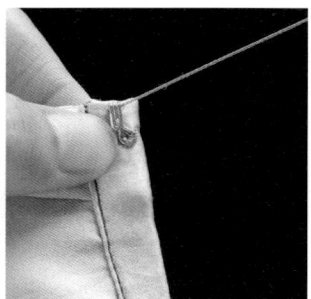

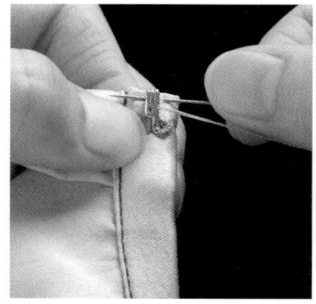 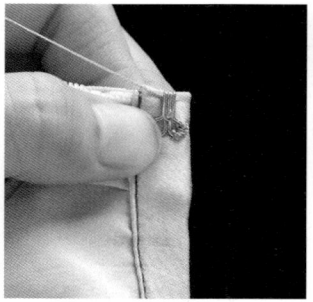  

스프링 훅을 채운 모습

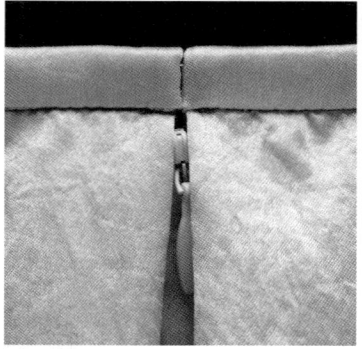 

(겉) (안)

걸고리 단추(훅 앤드 아이)·스냅 단추 다는 방법

겹치는 부분이 있는 트임 가장자리의 경우

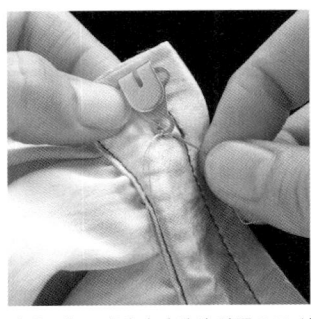

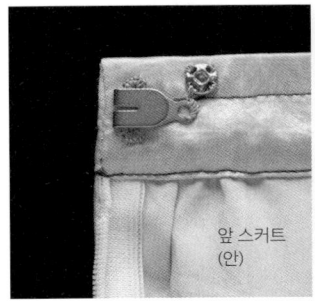

훅을 벨트 가장자리에서 안쪽으로 살짝 들어간 부분에 올려 놓은 다음, 실을 얽으며 고정해간다.

훅과 같은 방법으로 스냅 단추를 고정한다.

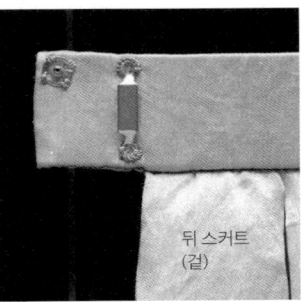

앞 스커트 (안)

뒤 스커트 (겉)

걸고리 단추·스냅 단추를 채운 모습

(겉)　　　　　(안)

no. 18 스트레이트 팬츠 →page24

- **● 필요한 패턴 [C면]**
  앞 팬츠, 뒤 팬츠, 마중천*, 주머닛감, 벨트감, 뒷주머니, 앞트임 안단, 밑 덧단, 벨트 고리

- **● 재료**
  겉감 폭 110cm×2m
  배색 천 70×35cm
  접착심 사방 20cm
  지퍼 12cm 1개
  단추 지름 1.5cm 1개

- **● 재단**
  앞 팬츠·뒤 팬츠·마중천·주머닛감·뒷주머니 각 2장, 왼쪽 벨트감·오른쪽 벨트감·앞트임 안단·밑 덧단 각 1장, 벨트 고리 5장.
  재단 배치도를 참조해서 접착심을 붙인다.

- **● 만드는 방법 (P.75 참조)**
  1. 앞 팬츠의 옆선에 주머니를 만든다.
  2. 앞 중심에 지퍼를 달고 트임을 만든다.
     →P.76 〈플라이 프런트 트임 : 지퍼〉
  3. 뒤 팬츠의 다트를 박고 주머니를 단다.
     ※ 그림 참조
  4. 뒤 중심을 겉끼리 맞대어 합봉한 다음, 시접을 처리하고 왼쪽 뒤 팬츠 쪽으로 넘겨 스티치한다.
  5. 앞·뒤 팬츠를 겉끼리 맞대어 놓고 양쪽 옆선을 박는다. 시접을 처리하고 뒤 팬츠 쪽으로 넘겨 스티치한다. 앞쪽 옆주머니 입구에 고정박기를 한다.
  6. 앞·뒤 밑아래를 겉끼리 맞대어 합봉한 다음, 시접을 처리하고 앞 팬츠 쪽으로 넘긴다.
  7. 허리에 벨트감을 달고 벨트 고리를 단다.
  8. 밑단을 두 번 접어 스티치한다.
  9. 왼쪽 벨트 가장자리에 단춧구멍을 만들고 오른쪽 벨트에 단추를 단다.

* 주머니 입구가 열렸을 때 안감이 보이지 않도록 입구와 마주 보는 쪽에 덧대어 박는 천 조각.

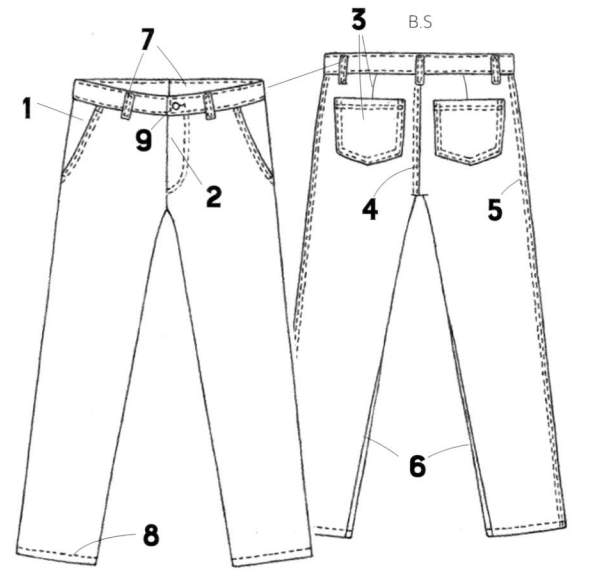

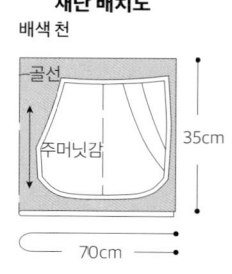

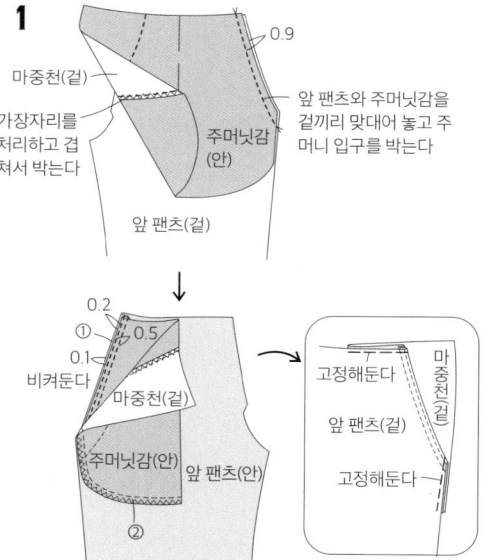

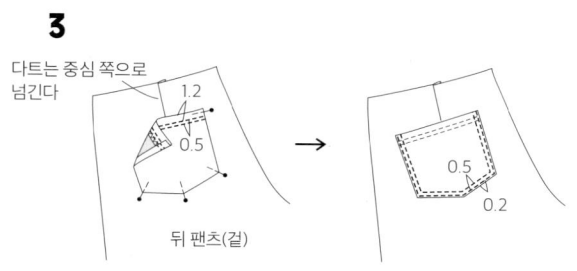

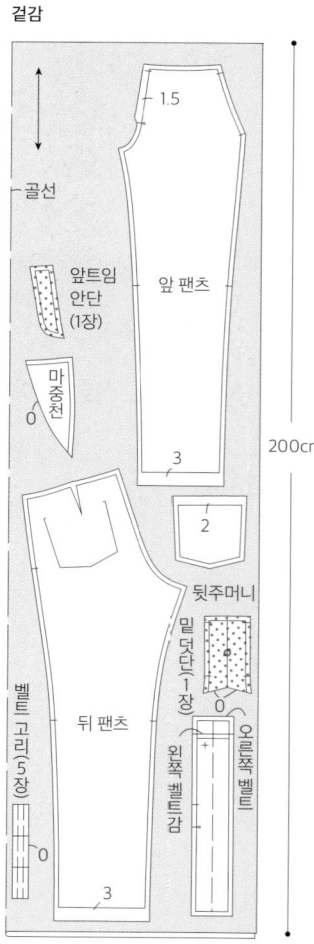

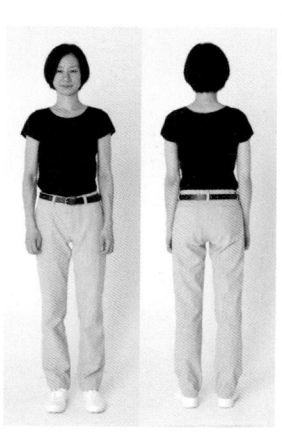

no. 19 남성용 스트레이트 팬츠 →page25

● **필요한 패턴 【D면】**
앞 팬츠, 뒤 팬츠, 마중천, 주머닛감, 벨트감, 뒷주머니, 앞트임 안단, 밑 덧단, 벨트 고리

● **재료**
겉감 폭 110cm×2m 30cm
배색 천 80×40cm
접착심 사방 20cm
지퍼 13cm 1개
단추 지름 1.5cm 1개

● **재단**
앞 팬츠·뒤 팬츠·마중천·주머닛감·뒷주머니 각 2장, 왼쪽 벨트감·오른쪽 벨트감·앞트임 안단·밑 덧단 각 1장, 벨트 고리 5장.
재단 배치도를 참조해서 접착심을 붙인다.

● **만드는 방법**
no.18의 스트레이트 팬츠와 동일.

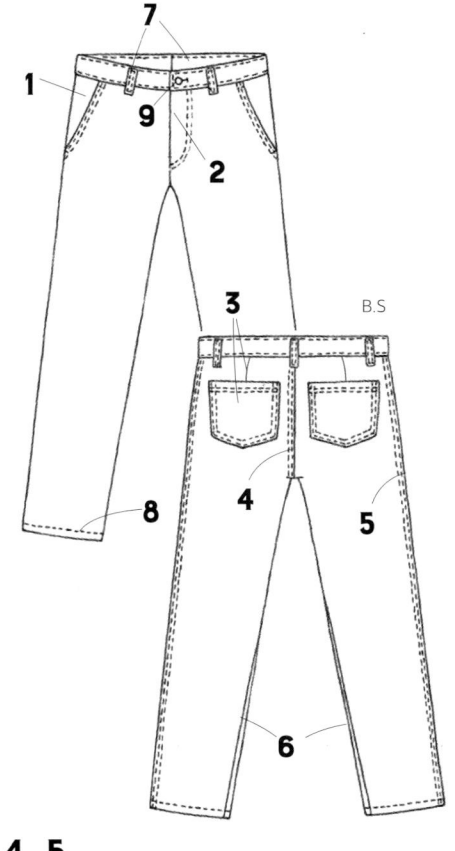

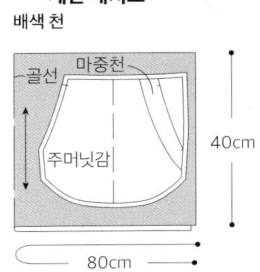

재단 배치도
배색 천

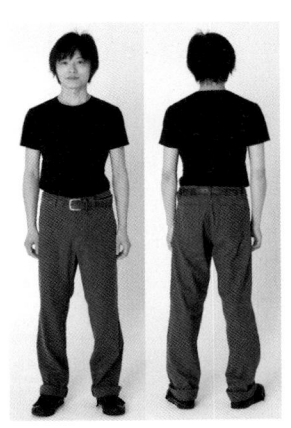

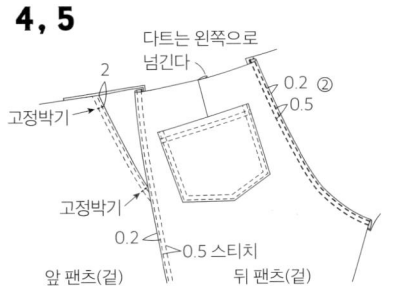

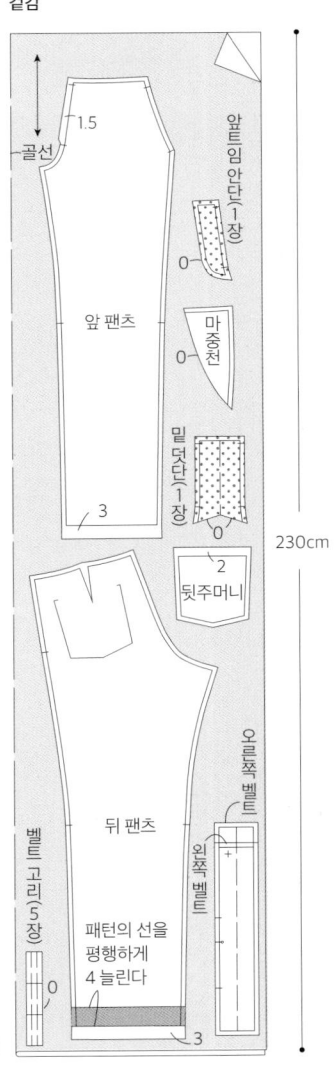

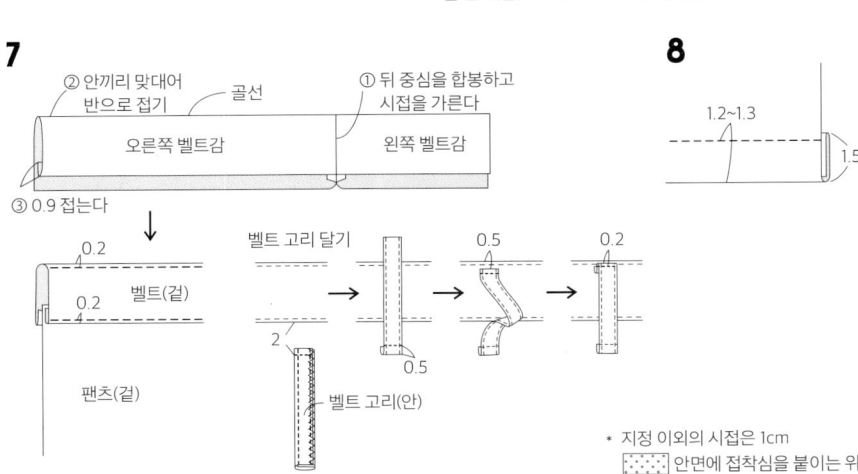

* 지정 이외의 시접은 1cm
  안면에 접착심을 붙이는 위치

플라이 프런트 트임 : 지퍼

지퍼를 닫아도 겉쪽에서 보이지 않게 만든 트임. 겉자락 가장자리에 안단을, 안자락 가장자리에 밑 덧단을 달고 지퍼를 단다. 안단, 밑 덧단 모두 재단선을 처리한 캐주얼 팬츠에 적합한 방법을 예로 들어 설명한다.

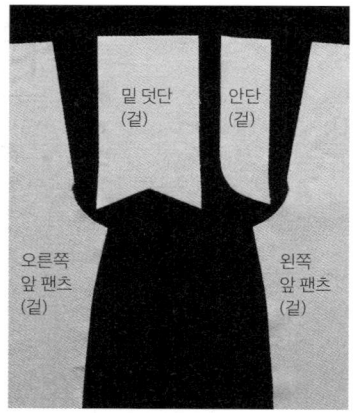

재단. 지퍼가 달릴 위치의 시접은, 지퍼를 비켜두고 달기 때문에 1.5cm를 준다.

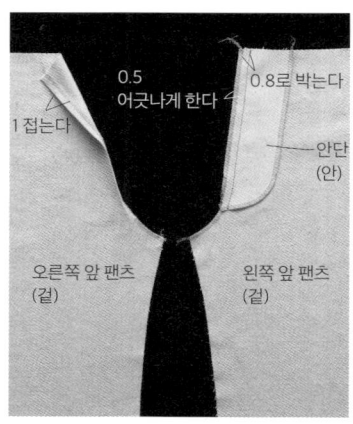

1 앞단과 안단 가장자리를 처리하고, 겉자락 가장자리(왼쪽 앞단)에 안단을 겉끼리 맞대어 박는다.

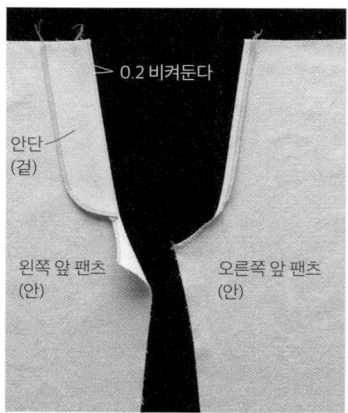

2 안단을 안으로 뒤집은 다음, 0.2cm 비켜두고 다림질해 정돈한다.

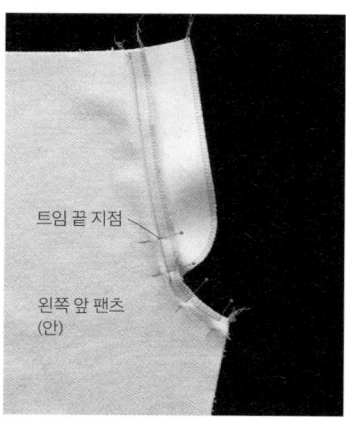

3 안단을 제외하고, 좌우 트임 끝 지점의 아래쪽을 맞추어 놓고 시침핀으로 고정한다.

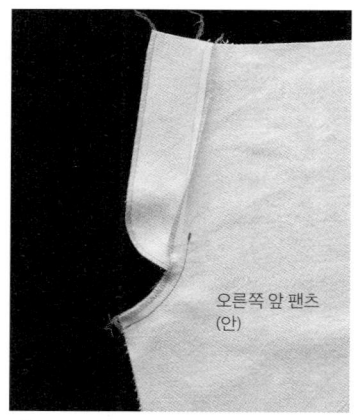

4 트임 끝 지점 아래쪽을 박은 모습.

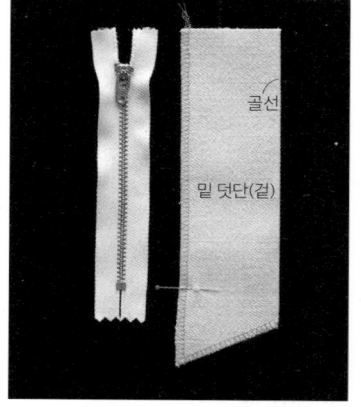

5 밑 덧단을 안끼리 맞대어 한 번 접고, 재단선을 처리한다. 지퍼를 준비한다.

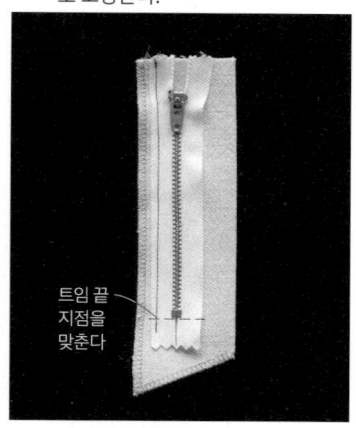

6 밑 덧단에 지퍼를 임시 고정한다.

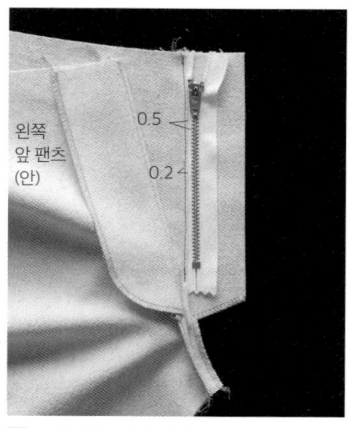

7 안자락 가장자리(오른쪽 앞단)를 접은 다음, 지퍼 중심에서 0.5cm 떨어진 위치에 밑 덧단까지 함께 봉제해 단다.

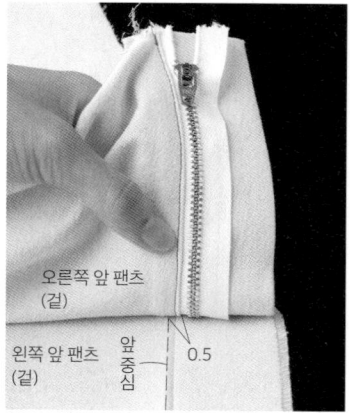

8 지퍼의 다른 한쪽 가장자리를 안단에 고정한다. 좌우의 위치를 맞추면서 시침핀으로 고정한다.

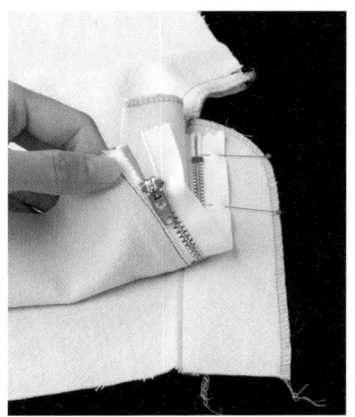

지퍼 가장자리를 안단에 시침핀으로 고정한다.

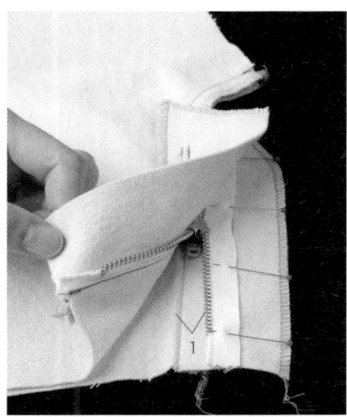

지퍼 중심은 팬츠의 앞 중심보다 1cm 안쪽으로 온다.

9 스티치를 2줄 해서 지퍼를 안단에 고정한다.

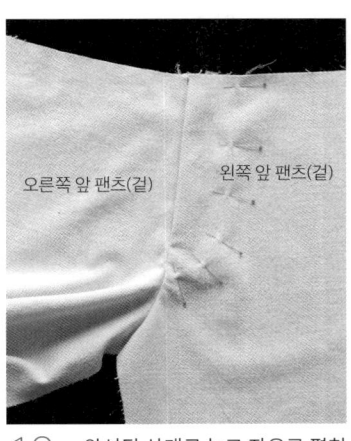

10 완성된 상태로 놓고 좌우로 펼친 다음, 왼쪽 팬츠와 안단을 시침핀으로 고정한다.

안에서 본 모습. 밑 덧단은 비켜둔다.

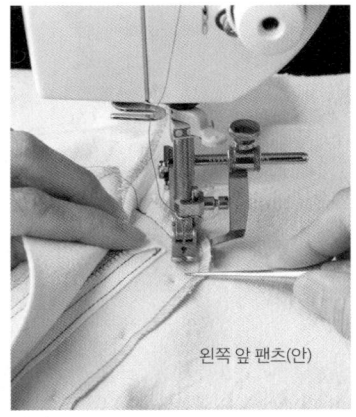

11 안단 가장자리를 따라 봉제해서 안단을 고정한다.

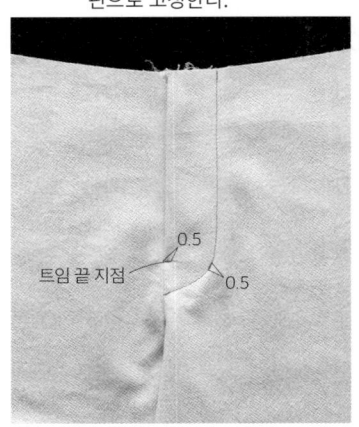

12 트임 끝 지점과 안단을 고정한 스티치의 중간에, 사진처럼 밑덧단까지 함께 3~4번 되돌아박기를 한다. 플라이 프런트 트임 완성(겉).

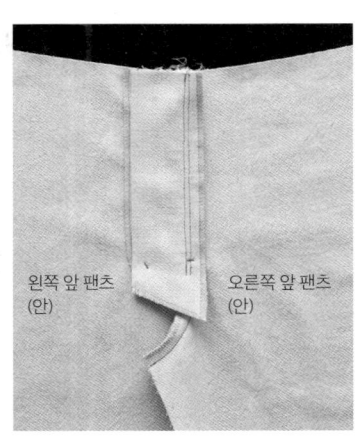

(안)

허리에 벨트감을 단다. 겉자락에 단춧구멍을 만들고 안자락에 단추를 단다.

no. 20　크롭트 팬츠 → page26

● **필요한 패턴【C면】**
앞 팬츠, 뒤 팬츠, 마중천, 주머닛감, 뒷주머니, 벨트감, 앞트임 안단, 밑 덧단, 벨트 고리

● **재료**
겉감(오카다야 원단) 폭 110cm×2m
배색 천 70×35cm
접착심 폭 90cm×30cm
지퍼 12cm 1개
단추 지름 1.5cm 1개

● **재단**
앞 팬츠·뒤 팬츠·마중천·주머닛감·뒷주머니·왼쪽 벨트감·오른쪽 벨트감 각 2장, 앞트임 안단·밑 덧단 각 1장, 벨트 고리 5장.
재단 배치도를 참조해서 접착심을 붙인다.

● **만드는 방법**
1 앞 팬츠의 옆선에 주머니를 만든다.
　→P.74의 **1**
2 앞 중심에 지퍼를 달고 트임을 만든다.
　→P.76 〈플라이 프런트 트임 : 지퍼〉
3 뒤 팬츠의 다트를 박고 주머니를 단다.
　→P.74의 **3**
4 뒤 중심을 겉끼리 맞대어 합봉한 다음, 시접을 처리하고 왼쪽 뒤 팬츠 쪽으로 넘겨 스티치한다. ※그림 참조
5 앞·뒤 팬츠를 겉끼리 맞대어 놓고 양 옆선을 박는다. 시접을 처리하고 뒤 팬츠 쪽으로 넘겨 주머닛감 가장자리 위치까지 스티치한다. →P.79 〈슬릿 트임〉 ※그림 참조
6 앞·뒤 밑아래를 겉끼리 맞대어 합봉한다. 시접을 처리하고 앞 팬츠 쪽으로 넘긴다.
7 밑단에 스티치한다. →P.79
8 허리에 벨트감을 봉제해 달고 벨트 고리를 단다. ※그림 참조→P.75
9 왼쪽 벨트 가장자리에 단춧구멍을 만들고 오른쪽 벨트에 단추를 단다.

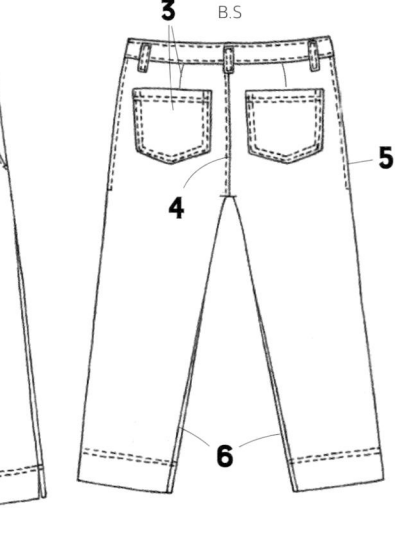

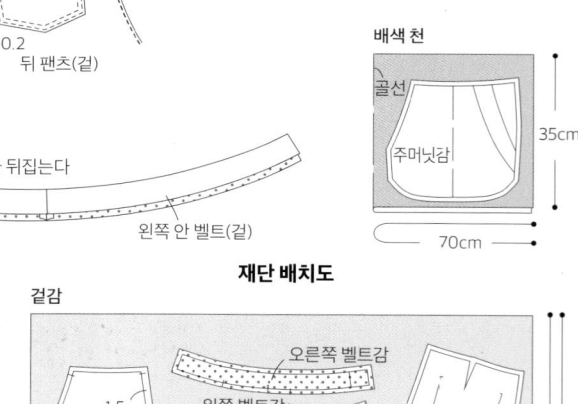

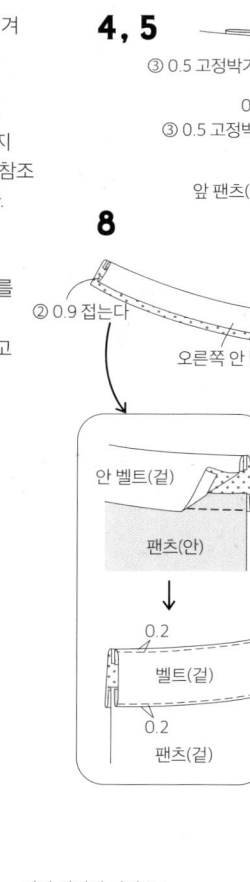

* 지정 이외의 시접은 1cm
　접착심·접착테이프를 붙이는 위치

슬릿

'슬릿(slit)'이란 세로로 가늘고 길게 나 있는 갈라진 틈으로, 소맷부리나 밑단에 만드는 긴 트임을 말한다. 슬림한 실루엣에 활동성을 높이기 위해 만들거나 장식을 위해 만드는 경우도 있다.

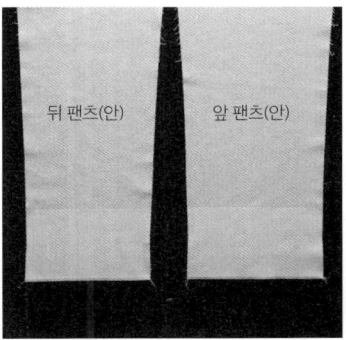

1 밑단 안면에 접착심을 붙이고 시접을 처리한다.

2 완성선을 따라 밑단을 접는다.

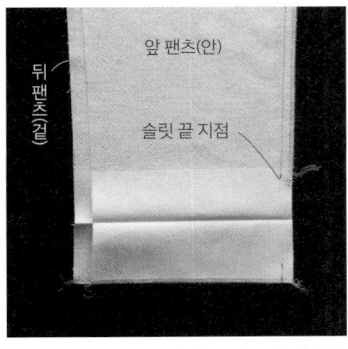

3 슬릿 부분을 남기고 앞·뒤 옆선을 겉끼리 맞대어 합봉한 다음, 시접을 처리한다.

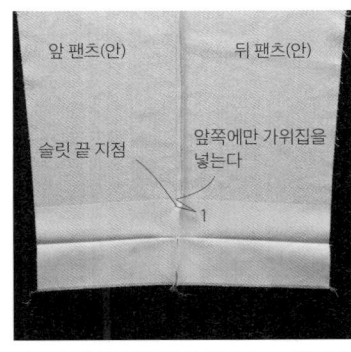

4 슬릿 끝 지점에서 위로 1cm 떨어진 위치에 가위집을 넣고, 시접을 뒤 팬츠 쪽으로 넘긴다.

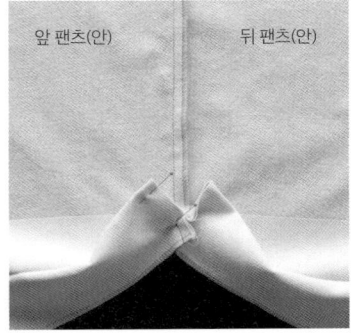

5 슬릿 부분을 겉끼리 맞대어 놓고 시침핀으로 고정한다.

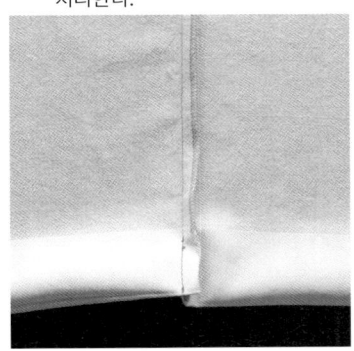

6 재봉틀로 박는다.

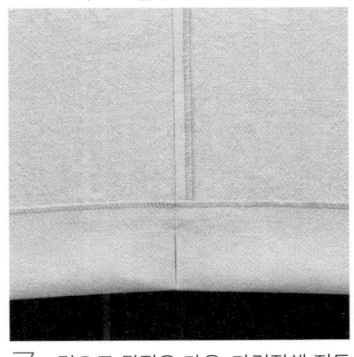

7 겉으로 뒤집은 다음, 다림질해 정돈한다.

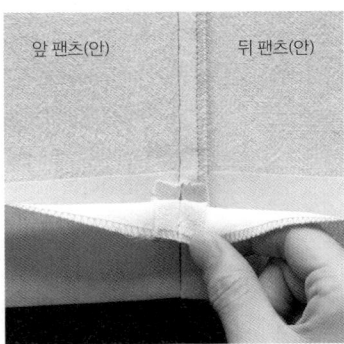

확대 사진(안)

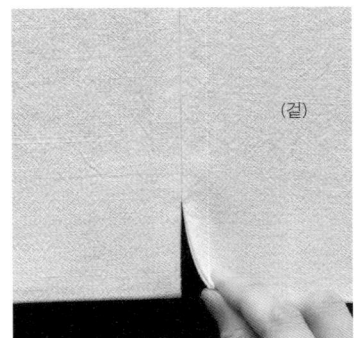

8 슬릿 완성.

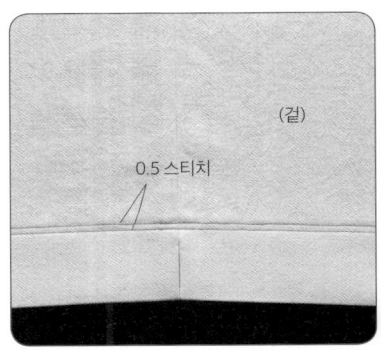

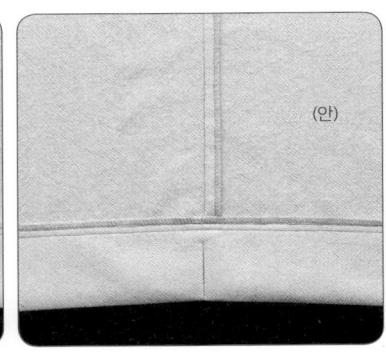

밑아래 쪽도 합봉해 원통형으로 만든 다음, 시접 가장자리에 스티치한다.

실 루프 단춧구멍 만드는 방법

맞닿는 트임의 경우

바늘땀에 바늘을 통과시킨 다음, 매듭을 속으로 집어넣고 실을 빼낸다.

단추를 대고 2~3번 실을 얽어맨다.

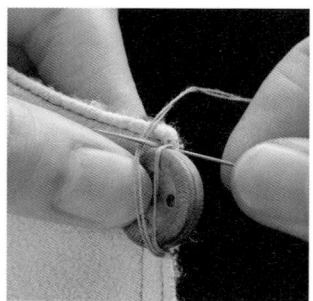

실을 너무 세게 잡아당기면 단추를 걸기 어려워지므로 주의한다.

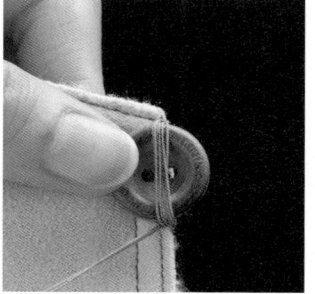

❶ 단추를 빼내고, 얽어맨 실을 토대 삼아 사진처럼 감쳐 나간다.

❷

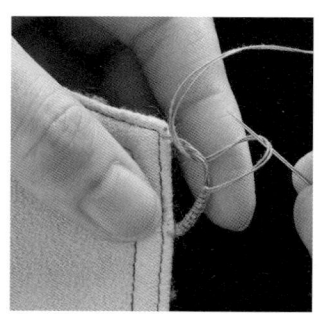

❸

❶~❸을 가장자리까지 반복한다.

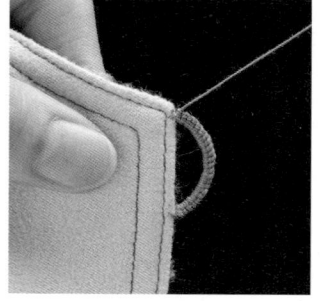

끝매듭 또한 시작매듭과 마찬가지로 바늘땀에 통과시킨 다음, 속으로 집어넣는다.

실 루프 단춧구멍 완성.

오른쪽 몸판에 실 루프 단춧구멍을 만들고, 왼쪽 몸판에 단추를 단 모습.

실물 크기 패턴 사이즈표

no.1~20의 작품의 패턴은 아래에 나와 있는 신체 치수를 기준으로 만들었습니다. 사이즈표를 참고해서 각 작품의 패턴 사이즈를 선택하세요. 각 작품의 옷길이, 소매 길이, 스커트 길이, 팬츠 길이 등은 원하는 길이로 조절하면 됩니다. 사이즈에 따라 원단 소요량이 달라지므로 주의하시기 바랍니다.

여성 사이즈표

신체 치수	S	M	ML	L	LL
가슴둘레	78	82	86	90	94
허리둘레	60	64	68	72	76
엉덩이둘레	86	90	94	98	102
키	160				

no.16, 17의 턱 스커트

	❶	❷	❸	❹	❺	❻
허리 완성 치수	58	61	64	67	70	73

※ 이 스커트는 ❶~❻까지 여섯 가지 사이즈입니다.

남성 사이즈표
(no.2의 남성용 셔츠, no.19의 남성용 팬츠)

신체 치수	S	M	L
가슴둘레	88	92	104
몸통둘레	76	80	84
허리둘레	88	92	96
키	170~175		

※ 남성은 S~L로 세 가지 사이즈입니다.

Aki no Nuikata no Kiso
Copyright © 2011 by Yoshiko Mizuno
First published in Japan in 2011 by EDUCATIONAL FOUNDATION BUNKA GAKUEN BUNKA PUBLISHING BUREAU, Tokyo
Korean translation rights arranged with EDUCATIONAL FOUNDATION BUNKA GAKUEN BUNKA PUBLISHING BUREAU
through Japan Foreign-Rights Centre/Shinwon Agency Co.

이 책의 한국어판 저작권은 Shinwon Agency를 통한 저작권자와 독점 계약으로 한스미디어가 소유합니다.
신 저작권법에 의하여 한국 내에서 보호를 받는 저작물이므로 무단전재와 무단복제를 금합니다.

북 디자인 Miho Sakato
촬영 Wakana Baba, Josui Yasuda (BUNKA PUBLISHING BUREAU)
디지털 트레이스 Toshio Usui
패턴 그레이딩 Kazuhiro Ueno
교열 Masako Mukai
편집 Nobuko Hirayama (BUNKA PUBLISHING BUREAU)
협력 Shin Toyota

쉽게 배우는 트임 봉제의 기초

1판 1쇄 발행 | 2019년 7월 15일
1판 2쇄 발행 | 2021년 10월 16일

지은이 미즈노 요시코
옮긴이 김수연
펴낸이 김기옥

실용본부장 박재성
편집 실용 2팀 이나리
영업 김선주
커뮤니케이션 플래너 서지운
지원 고광현, 김형식, 임민진

디자인 제이알컴
인쇄 · 제본 민언프린텍

펴낸곳 한스미디어(한즈미디어(주))
주소 121-839 서울시 마포구 양화로 11길 13(서교동, 강원빌딩 5층)
전화 02-707-0337 | **팩스** 02-707-0198 | **홈페이지** www.hansmedia.com
출판신고번호 제 313-2003-227호 | **신고일자** 2003년 6월 25일

ISBN 979-11-6007-386-7 13590

책값은 뒤표지에 있습니다.
잘못 만들어진 책은 구입하신 서점에서 교환해 드립니다.

기초 과정 최고의 교과서

한스미디어와 함께하는
수예 & 핸드메이드 라이프

코바늘 손뜨개

**쉽게 배우는
새로운 코바늘 손뜨개의 기초**
일본보그사 저 | 김현영 역
16,000원

**쉽게 배우는
새로운 코바늘 손뜨개의 기초[실전편 : 귀여운 니트 소품 77]**
일본보그사 저 | 이은정 역
15,000원

**쉽게 배우는
모티브 뜨기의 기초**
일본보그사 저 | 강수현 역
13,800원

**실을 끊지 않는
코바늘 연속 모티브 패턴집**
일본 보그사 저 | 강수현 역
16,500원

**쉽게 배우는
코바늘 손뜨개 무늬 123**
일본보그사 저 | 배혜영 역
15,000원

대바늘 손뜨개

**한 눈에 알 수 있는
코바늘 뜨개 기호**
일본보그사 저 | 김현영 역
13,000원

**이럴 땐 이렇게
코바늘 손뜨개 무엇이든 Q&A**
일본보그사 저 | 김현영 역
9,800원

**쉽게 배우는
새로운 대바늘 손뜨개의 기초**
일본보그사 저 | 김현영 역
16,000원

**그린도토리의
숲속 동물 손뜨개**
명주현 저 | 18,000원

**M, L, XL 사이즈로 뜨는
남자 니트**
리틀 버드 저 | 배혜영 역
13,000원

**엄마와 아이가 함께 접는
행복한 종이접기**
김남희, 김향규, 윤선옥,
이명신 공저 | 15,000원

**아이와 엄마가 함께 만드는
행복한 종이아트**
김준섭, 길명숙, 송영지 공저
15,000원

**헤비오의
동물 종이접기**
다마무라 헤비오 저 | 이지혜 역
13,000원

**아이와 아빠가 함께 접는
신나는 종이접기**
고이녀, 박은경, 송미령, 조은주 저
14,000원

나무 목재 도감
니시카와 타카아키 저
김호진 역 | 고이즈미 아키오
감수 | 22,000원

**쉽게 배우는
목공 DIY의 기초**
두파! 편집부 편 | 김남미 역
16,500원

**쉽게 배우는
간단 목공 작품 100**
두파! 편집부 편 | 김남미 역
16,500원

**내 손으로 짓는 작은 집
가든 하우스 만들기**
두파! 편집부 편 | 박재영 역
16,500원

DIY 소재&도구 대백과
두파! 편집부 편 | 황세정 역
18,000원

**손으로 만드는
나무 커틀러리 DIY**
니시카와 타카아키 저 | 송혜진 역
16,000원

한스미디어 www.hansmedia.com
서울특별시 마포구 양화로 11길 13 (강원빌딩 5층)
TEL 02-707-0337   FAX 02-707-0198

도서판매처 안내

전국 오프라인 서점
교보문고 전 지점, 영풍문고 전 지점, 반디앤루니스 전 지점,
이외의 전국 지역 서점에서 구매할 수 있습니다.

온라인 서점
교보인터넷　www.kyobobook.co.kr
YES24　www.yes24.com
알라딘　www.aladin.co.kr
인터파크도서　book.interpark.com

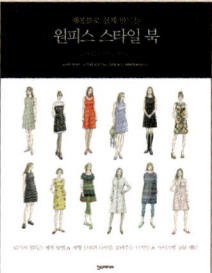
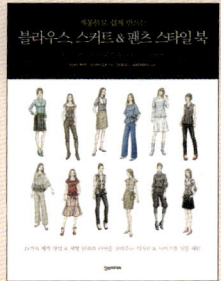

귀여운 아이 바지 만들기
일본보그사 편 | 남궁가윤 역
14,000원

**작은 아이를 위한
유럽 스타일 옷 만들기
Easy Sewing
for your angel**
호리에 나오코 저 | 남궁가윤 역
13,000원

**재봉틀로 쉽게 만드는
원피스 스타일 북**
노나카 게이코, 스기야마 요코 저
이은정 역 | 크래프트하우스 감수
13,000원

**재봉틀로 쉽게 만드는
블라우스, 스커트&팬츠
스타일 북**
노나카 게이코, 스기야마 요코 저
이은정 역 | 크래프트하우스 감수
13,000원

**재봉틀로 쉽게 만드는
아우터 & 탑 스타일 북**
노나카 게이코, 스기야마 요코 저
김나영 역 | 크래프트하우스 감수
13,000원

핸드메이드 DIY

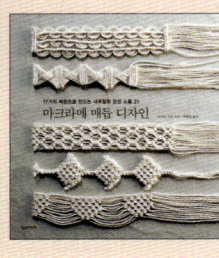

**재봉틀로 쉽게 만드는
커스터마이즈
웨딩 & 컬러 드레스**
노나카 게이코 저 | 오카모토
아즈사, 마쓰오 가즈히로 그림
| 남궁가윤 역 | 15,000원

**종이로 꾸미는 공간
종이 인테리어 소품**
김은주, 방경희, 이정은 공저
16,500원

82 매듭 대백과
일본부티크사 저 | 황세정 역
18,000원

마크라메 매듭 디자인
마쓰다 사와 저 | 배혜영 역
14,000원

가죽공예의 기초
노타니 구니코 저 | 정은미 역
15,000원

**기본 손바느질로 만드는
심플한 가죽 소품 58**
고시젠 유카 저 | 방현희 역
15,000원

**짜루의
핸드메이드 인형 만들기**
짜루(최정혜) 저 | 14,000원

**야생화 페이퍼
플라워 43**
야마모토 에미코 저 | 이지혜 역
13,000원

**투명한
보석비누 교과서**
키노시타 카즈미 저 | 문혜원역
14,000원

**모모레이의
I'm 종이인형**
모모레이 저
2016년 11월 | 13,000원

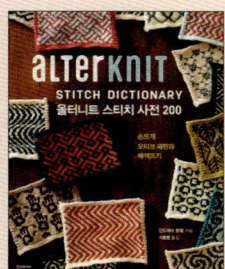
올터니트 스티치 사전 200
안드레아 랑젤 저 | 서효령 역
18,000원

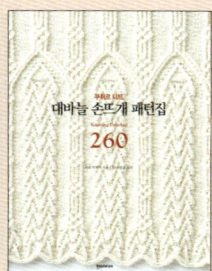
쿠튀르 니트 대바늘 손뜨개 패턴집 260
시다 히토미 저 | 남궁가윤 역
18,000원

대바늘 비침무늬 패턴집 280
일본보그사 저 | 남궁가윤 역
20,000원

한 눈에 알 수 있는 대바늘 뜨개 기호
일본보그사 저 | 김현영 역
13,000원

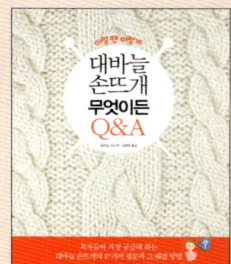
이럴 땐 이렇게 대바늘 손뜨개 무엇이든 Q&A
일본보그사 저 | 김현영 역
9,800원

플라워&가드닝

꽃집에서 인기 있는 꽃 469종 꽃도감
몽소 플레르 감수 | 방현희 역
22,000원

플라워 컴 투 라이프
김신정 저 | 16,800원

마이 디어 플라워
주예슬 저 | 16,500원

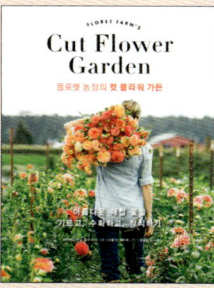
플로렛 농장의 컷 플라워 가든
에린 벤자킨, 줄리 차이 저
정수진 역 | 미셸 M. 웨이트 사진
32,000원

처음 시작하는 구근식물가드닝
마쓰다 유키히로 저 | 방현희 역
20,000원

사계절을 즐기는 꽃꽂이
다니 마사코 저 | 방현희 역
18,000원

부케 샹페트르 아 라 메종
사이토 유미저 | 방현희 역
20,000원

다육식물 디자인
TOKIIRO 저 | 고주희 역
13,000원

나의 첫 테라리움
클레아 크리건 저 | 이정민 역
18,000원

나의 첫 미니어처 정원
재닛 칼보 저 | 엄성수 역
19,800원

소잉 & 옷 만들기

쉽게 배우는
크로스스티치 기초와 도안 500
일본보그사 저 | 배혜영 역
14,000원

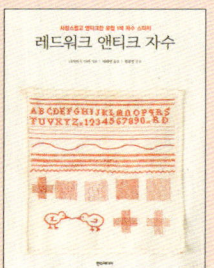
레드워크 앤티크 자수
다카하시 아키 저 | 배혜영 역
헬렌정 감수 | 16,800원

쉽게 배우는
새로운 재봉틀의 기초
사카우치 쿄코 저
김수연 역 | 16,000원

셔츠 & 블라우스 기본 패턴집
노기 요코 저 | 남궁가윤 역
16,000원

쉽게 배우는
주머니의 기초
미즈노 요시코 저 | 김수연 역
13,000원

쉽게 배우는
트임 봉제의 기초
미즈노 요시코 저 | 김수연 역
14,000원

쉽게 배우는
접착심의 기초
일본보그사 저 | 남궁가윤 역
14,000원

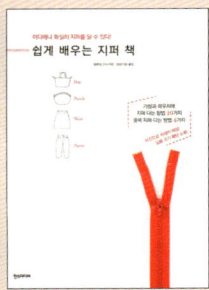
쉽게 배우는
지퍼 책
일본보그사 저 | 남궁가연 역
13,000원

틸다의 홈소잉
일본보그사 저 | 송혜진 역
16,500원

사계절 파티를 위한
인형옷 만들기
F4*gi 저 | 남궁가윤 역
18,000원

쉽게 배우는
COS 의상
일본보그사 저 | 남궁가연 역
15,000원

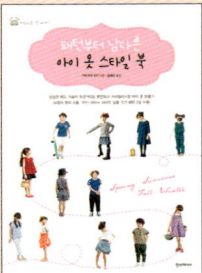
패턴부터 남다른
아이 옷 스타일 북
가타가이 유키 저 | 송혜진 역
16,500원

패턴부터 남다른
우리 아이 옷 만들기
가타가이 유키 저 | 송혜진 역
16,500원

엄마가 만드는
우리 아이 명품 옷
부티크사 편집부 저
배혜영 역 | 16,500원

자수

**쉽게 배우는
자수의 기초**
일본보그사 저 | 김수연 역
15,000원

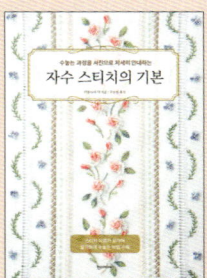

자수 스티치의 기본
아틀리에 Fil 저 | 강수현 역
15,000원

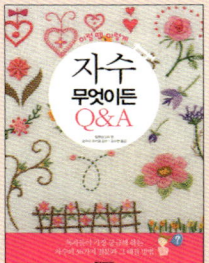

이럴 땐 이렇게
자수 무엇이든 Q&A
일본보그사 저 | 강수현 역
9,800원

쉽게 배우는
리본 자수의 기초
오구라 유키코 저 | 강수현 역
14,000원

작고 귀여운
**원포인트
동물자수 400**
사사키 미에코 저 | 강수현 역
13,800원

히구치 유미코의
자수 시간
히구치 유미코 저 | 강수현 역
헬렌정 감수 | 16,500원

히구치 유미코의
동물 자수
히구치 유미코 저 | 배혜영 역
헬렌정 감수 | 15,000원

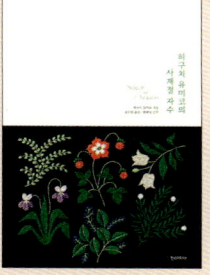

히구치 유미코의
사계절 자수
히구치 유미코 저 | 김수연 역
헬렌정 감수 | 18,000원

하란의
보태니컬 세밀화 자수
김은아 저 | 18,000원

**처음 배우는
우리 꽃 자수**
정지원 저 | 16,800원

나의 꽃 자수 시간
정지원 저 | 19,800원

**춘천,
사계절 꽃자수**
김예진 저 | 16,000원

**춘천,
들꽃 자수 산책**
김예진 저 | 18,000원